【戦後史の解放Ⅱ】

自主独立とは何か

前編 敗戦から日本国憲法制定まで

細谷雄一

新潮選書

はじめに

「上を向いて歩こう」

その歌は、戦後日本の独特な明るさと暗さの、そのいずれをも象徴する歌であった。大島九《ひさし》が生まれたのは、日本が真珠湾攻撃をしたわずか二日後の、一九四一年一二月一〇日である。もともと、「坂本九」という名であったが、中学の時に両親が離婚したことにより、母方の姓を用いて大島九となった。この少年は、のちに一七歳の時に「坂本九《きゅう》」という芸名で歌手デビューをし、次々とヒット曲を披露して、昭和を代表する歌手となった。

一九六一年には、永六輔が作詞をして中村八大が作曲した「上を向いて歩こう」というタイトルの歌が、予想を上回る大ヒットとなった。この歌はのちには「スキヤキ（SUKIYAKI）」という奇妙な英語タイトルへと名を変えて、アメリカでもレコードが発売された。アメリカの「ビルボード」誌で一位を獲得したアジア人による最初の、そしていまだ唯一の曲である。(1) まさに時代に愛され、世界に愛された曲であった。

なぜ「上を向いて歩こう」という曲名が、アメリカではその歌詞とはまったく関係のない「スキヤキ」となってしまったのかについては諸説あるが、タイトルがどうあれ、戦後七〇年を経ていまだに、アメリカでもっとも成功した日本の名曲、いやアジアの名曲といえるだろう。そして、この「上を向いて歩こう」という曲の歌詞は、戦後日本が歩んだ道のりを理解する上で、実に象徴的ともいえる内容となっている。

「上を向いて歩こう」のレコードが発売される前年には、日本社会は安保闘争による深傷を負っていた。安倍晋三首相の祖父である岸信介首相は、困難な日米安保条約の改定を実現すると同時に、国民から激しい批判を浴びて退陣に追い込まれた。後継の池田勇人首相は経済成長に目を向けて、「所得倍増計画」を公約として掲げて総選挙を戦い、一一月の総選挙では与党の自民党が圧勝する。激しく歴史が動揺した時代であった。いまだ多くの人々は、戦争による愛する家族の喪失を覚えており、敗戦による精神的打撃を記憶していた。戦後生まれの少年は、大きくともまだ年齢が一六歳に過ぎない。それを越える年齢の人々にとっては、戦争とは自らの身に降りかかった巨大な悲しみであり、社会を破壊した衝撃であった。その傷が癒えつつあり、豊かさを取り戻しつつある中で、安保闘争によって世論は二分され、政治は硬直し、社会は分断されていた。

そのような政治の激しい動きとは対照的に、坂本九が歌う「上を向いて歩こう」はあまりにも優しく柔らかいメロディであり、また甘美な歌詞が印象的であった。

人々はその頃、戦後の歩みを振り返り、そして将来を展望しながら、複雑な心境でぼんやりとした希望を抱いていた。そのような中で、坂本九が歌う「上を向いて歩こう」という曲は、人々の傷ついた心に染み入るように響いたことであろう。また、独特な明るさとあたたかさ、そして悲しさが感じられたことであろう。そこには切ない希望と、悲しい明るさが同居している。

その歌のはじまりは、次のような歌詞となっている。

上を向いて歩こう
涙がこぼれないように
思い出す春の日
一人ぽっちの夜

これは、失恋の歌である。

つらい失恋を乗り越えるためにも、そしてあふれる涙がこぼれないためにも、上を向いて歩かないといけないのだ。それは、強い意志を持って、悲しみを乗り越えようとする健気な姿勢であった。希望とは感情ではない。意志なのだ。強い意志に支えられなければ、希望というものは蜃気楼のように失われ、見えなくなってしまう。作詞家の永六輔は、そのような思いを込めて作詞したのだろう。

高度経済成長と安保闘争を同時に体験し、またアメリカではジョン・F・ケネディが大統領に就任するとともにベトナム戦争の足音が聞こえるなかで、作詞家や歌い手の思惑を超えてはるかに永く日本人に愛され、また世界でも歌われ続けた。戦後の日本を理解するには、その明るさと暗さとの双方を同時に視野に入れなければならない。そのような明るさと暗さが同居し、希望と挫折が同居する戦後日本社会を象徴するように、人々はこの「上を向いて歩こう」を口ずさんでいたのだろう。

われわれが戦後史を理解するためには、そのような希望と挫折の双方を、そして光と影の双方を、あわせて受け止めなければならない。

語られない歴史

戦後日本社会が抱えた明るさは、あまりにも深い傷と、悲しみ、そして挫折を覆い隠すためのものでもあった。

戦争を経験した日本人は、多くを語らなかった。そして、彼らが「上を向いて歩こう」としたのは、必ずしも希望に溢れていたからではなかった。「涙がこぼれないように」するためだった。上を向かなければ涙がこぼれてしまうのだ。人には自分の涙を見せたくない。自分は強く、明るくいたい。だとすれば、上を向いて歩こうではないか。悲しみの海の中では、希望への強い意志を抱いていなければ、すぐに深い海の底に沈んでしまうであろう。

それは、坂本九の場合もおなじであった。永六輔は、『坂本九ものがたり』の中で、ある秘話を明らかにしている。なぜ「九」なのか。永は次のように記す。

「君は九番目の子供なので『九』であった、とそう思っていましたが、君のお母さんにとって、君は三番目の子供でした。／九番目というのは、お父さんにとってのことだったのですね[2]」

誰もが「九ちゃん」と愛情を込めて呼ぶときに、坂本九はおそらくは父親が再婚で、自らの上に六人もの異母兄弟がいることを意識しなければならなかったのだろう。自らと同じ母親を共有する兄弟はほかには二人だけであり、「九ちゃん」を含めたその三人兄弟は実に仲が良かったという。

　戦争と、戦後の占領期の貧困は、多くの複雑な家庭環境を創り出した。それは、坂本の家族も例外ではなかった。坂本が、女優の柏木由紀子と結婚をして、「理想的な家族像」を演出しようとしていたのも、自分が子供の頃のそのようなあたたかな記憶が欠落していたからだろう。そのような複雑な幼少時代の経験があったから、坂本九は自らの生い立ちについて多くを語ることができなかった。

坂本九

　ちなみに、「上を向いて歩こう」を作曲した中村八大の父親は、海を渡った中国大陸にある青島日本人学校の校長であった。中村自らもその学校に通っており、日中戦争の空気を彼の地で吸い込んでいた。きっと青島では、軍靴の音を聞き、戦闘の傷を負った兵士を幾度となく目にしたであろう。中村のように、幼少期を大陸で過ごし、中国人と日本人との複雑な社会関係を、その背景をよく知らぬまま眺めていた少年や少女は数多くいた。それらの多くの人々は、戦後に引揚者として日本社会に融合するための努力をし、一部の者は不幸にも海を渡ることなく大陸で土に還った。

坂本九と同じように、作曲家の中村八大もまた、自らの苦しい過去をあまり語ることができなかった。幼い頃に、ドイツ人などがレストランでピアノなどの楽器を演奏する様子を見て、中村は西洋音楽に親しみ、音楽家の道を志す。

その後、早稲田国民学校に留学するために東京市へ移り住み、そこで中村は太平洋戦争の開戦を迎える。一〇歳の時であった。そして、そのまま終戦まで内地で過ごすことになる。

自らの私生活を語らない人が多いのは、それがあまりにも過酷で、苦しかったからだ。幼少期を朝鮮半島で過ごした作家の五木寛之も、それゆえ、「戦争体験の継承というけれど、本当に痛みを体験した人は『放っておいてくれ』と思うものです」と語る。[3] 平壌で生活していた五木は家を終戦の年の八月下旬にソ連兵によって接収され、家財を掠奪された。そして、病気で寝込んだ母親をリヤカーに乗せて運び、幼い妹を背負って、雨露をしのぐために転々としなければならなかった。その母も、すぐあとの九月には亡くなっている。そして五木は記す。「『善き者は逝く』。だから、僕は、帰って来た自分を『悪人』だと思っている[4]」。

だからこそ、夢や希望が必要であった。それがなければ、過酷な現実と、苦しい過去で押しつぶされてしまう。われわれは、そのような戦後史の光と影の両方を知る必要がある。明るさのみでも、暗さのみでも、戦後史を写実的には描くことはできない。両方の絵の具の色を混ぜ合わせることで、より繊細なグラデーションを表現することが可能となり、より現実に近い戦後史を描写できるのではないか。

東京オリンピックの夢

ところで、人々が「上を向いて歩こう」を口ずさんでいたとき、時代は東京オリンピックに向かっていた。いよいよオリンピックが日本にやってくるのだ。世界は高度成長に沸き、そして人々はよりよき未来を夢見ていた。

一九六四年一〇月一〇日から、第一八回夏季オリンピックが東京で開催されて、復興と成長に沸く日本に希望をもたらした。これは、アジアにおける最初のオリンピックである。敗戦国日本を訪れた多くの外国人が、高度成長によって豊かさを謳歌し始めた日本に驚きを感じた。そして、金メダルの獲得数で、日本はアメリカ、ソ連に次いで、第三位となっている。スポーツの祭典で、世界の強豪国と対等に闘い、勝利する日本人選手の姿を見て、どれだけ多くの日本人が鼓舞され、勇気をもらい、感動を覚えたであろうか。日本はまだまだ世界と互角に闘うことができるのだ。

1964年の東京オリンピック

あきらめる必要はない。日本人には名誉と成功を手にする権利があるのだ。

一九六四年七月、坂本九は、東京オリンピックにあわせて「サヨナラ東京」というレコードを発売した。世界的に名が知られた坂本は、東京オリンピックのウェルカム・パーティーで、この曲を選手たちの前で歌うことになった。この曲もまた、永六輔、中村八大、坂本九の「六八九トリオ」によるものとなっている。

この曲はだいぶ悲しいメロディとなっており、「上を向いて歩こう」ほどの成功を収めることはできなかった。しかしながら、人々は東京オリンピックの余韻を楽しんでいた。そして、その四年後の一九六八年には西ドイツを抜いて、日本は非共産圏で第二位の経済大国となった。日本の上にそびえ立つ経済大国は、もはやアメリカのみとなった。二〇一〇年に中国が日本を抜いて国内総生産（GDP）で世界第二位となるまで、約半世紀にわたって日本はこの地位を楽しんだ。悲しみは徐々に、豊かな生活によって、そして戦争の日々が遠ざかることによって、人々の心から消えていった。

戦争が終わってから東京オリンピックが開催されるまでが一九年。戦後生まれの青年はまもなく成人になろうとしていた。まるで一人の若者が二十歳となって成人式を迎えるかのように、戦後日本も自立し、より成熟した責任のある行動が求められるようになっていた。しかしながら、それから約半世紀が経った現在において、われわれ日本人は国際社会の中で十分に成熟して、十分に自立できているのだろうか。

冷戦後にバブルが崩壊して日本は「失われた二〇年」を経験した。そして、これから日本は二〇二〇年に二度目の東京オリンピックを開催することになる。戦後の日本人が東京オリンピックに夢を見て、希望を語ったように、冷戦後の日本人もまた東京オリンピックを契機に夢を語って、「上を向いて歩こう」とすることができるのだろうか。

時代が動くとき

一度目の東京オリンピックから半世紀を少しばかり越えた二〇一六年七月七日。「上を向いて歩こう」を作詞した永六輔は、八三歳で永眠した。一方の坂本九は、一九八五年八月一二日に四三歳の若さで、飛行機事故で亡くなっている。坂本九が事故死してからの三〇年間、永六輔はもはや「九ちゃん」の満面の笑みを見ることができなくなってしまった。高度成長期の日本において、国民の耳を楽しませてきた二人の人生は、このように分岐点に直面したのであった。

坂本九が亡くなった一九八五年からの三〇年間、日本は激動の変化を経験した。一九八五年九月、中曽根康弘政権下の日本は、プラザ合意によって円高ドル安を受け入れて、日本が責任ある経済大国として世界経済を牽引する姿勢を示すことになった。その頃の日本には自信、驕り、そして横柄な雰囲気が充満していた。昭和の年号も、もう残り四年。戦争と占領を経験した昭和天皇の時代は幕を閉じようとしていた。時代は平成の御代となった。

「上を向いて歩こう」を作詞した永六輔の目に、この三〇年間の変化はどのように映っていたのだろうか。二〇一一年の東日本大震災の後には、戦後を彩った数々の歌手や俳優たちが、この「上を向いて歩こう」をメドレーで歌うCMがテレビで流れた。この歌のメロディを耳にすると、多くの人はこの半世紀に日本人が経験した変化がたちまち走馬燈のように脳裏に浮かんでくるのではないか。そこには何が見えるのだろうか。

坂本九が「上を向いて歩こう」を歌っていたのは、ちょうど自らの短い人生が飛行機墜落事故によって失われるまでの、折り返し地点となっていた二十歳を過ぎた頃のことである。そして、坂本九が亡くなってから三〇年、戦後七〇年を三年前に経験した日本は、これまで何を見て、何を感じて、何を学んだのだろう。そして、何を失ったのだろうか。われわれにとっての戦後史とは、どのようなものであったのだろうか。

「戦後史の解放」とは何か

本書は、戦争が終わり、占領を経験し、豊かさを目指した戦後日本の歴史を、国際社会の動きの中に埋め込むことで、新しい歴史像を提示することを目的としている。われわれは、色鮮やかな物語に溢れている戦後の歴史を語る際に、あまりにも狭い視野の中にそれを無理矢理位置づけようとしてはいないか。たとえば、「冷戦史」という米ソ対立の緊張と抗争のなかに戦後の日本を位置づけようとすれば、人々が感じたあまりにも多くの小さな、しかし大切な物語を見逃すことになってしまう。あるいは、戦前のファシズムから戦後の日本が社会主義や共産主義を拡大しようとする歴史として眺めるのであれば、それは人々がより豊かになり、より安心を感じ、安定を得ていった生活の姿を見逃してしまう。一つのイデオロギーに押し込もうとすれば、豊かな戦後史の物語はとたんに色あせた、単調で退屈なものとなってしまう。

先ほど紹介したように、「上を向いて歩こう」という昭和を代表する名曲の作詞家であった永六輔は戦前に生まれ、歌手の坂本九は真珠湾攻撃の二日前に生まれた。その歌が、冷戦が終わった今でも歌われ続け、愛されているのだ。「上を向いて歩こう」という曲は、それが発表された「一九六一年」という年を越えて長寿を保ち、そして日本の国境を越えて世界で愛されている。冷戦や階級闘争というイデオロギーからでは、その歌の魅力を十分に感じることはできない。たった一つの歌でさえも、われわれが通常歴史を考える際の境界線をはるかに超えた、五つの大陸まで延びる広がりを持っている。

また同時に、われわれは通常あまりにも国境の内側のことに目を奪われるため、国内の問題がいかにして国際的な問題と連動しているのかという視点を見失ってしまう。たとえば、終戦の過程はもちろんのこと、憲法の起草作業、自衛隊創設等、戦後史の多くの重大な出来事が、国際政治に翻弄されている。さらには、戦後の高度成長を支えてきた多くの人々が、実は戦前の教育を受けて、戦争を経験していたという事実を見逃してしまう。

このようにして、われわれは知らないうちに、「イデオロギー的な束縛」「時間的な束縛」「空間的な束縛」の中から歴史を語ろうとしてしまう。それによって見えなくなるものがあまりにも多く、それによってゆがめられる事実があまりにも多い。だとすれば、そのような束縛からわれわれの視点を解放することで、より広い視野を手に入れて、より豊かな歴史が語れるのではないか。そのように考えて、私は「戦後史の解放」という視座から、日本の来歴をとらえ直したいと思う。ここでは、大日本帝国が崩壊した時期から叙述をはじめて、日本が独立を回復するまでの、七年ほどの時代を描写することになる。

希望は可能か

本書では戦後の日本人が何に希望を感じて、何を目指し歩んできたのかを追体験したいと思う。過酷な戦争を体験した後の日本人がそうであったように、人々は明るい希望がなければ生きてい

タレーラン

けない。今の日本には、希望が足りない。それは世界も同様である。希望を失った人々は、絶望を感じ、死に至る。テロリズム、戦争、災害、貧困など、われわれは暗い死を感じながら、日々のニュースに目を向けている。

希望を感じるためには、広い視野が必要だ。第二次世界大戦で、イギリスがヒトラーの猛攻を受けて敗北を覚悟しなければならなかったときに、ウィンストン・チャーチル首相はスペイン王位継承戦争で活躍した自らの先祖であるジョン・チャーチルの雄姿に思いを寄せ、ナポレオン戦争でのウィリアム・ピット首相の勇気に励まされた。戦後日本を建設した吉田茂首相は、「戦争に負けて外交に勝つこともある」という、ナポレオン戦争後のフランスのタレーランの言葉を多用した。

ピット、タレーラン、チャーチル、そして吉田に共通していたのは、苦しみの中に希望を感じていたことである。ピット首相が政治指導をした時代のイギリスは、ヨーロッパ大陸を支配する巨大なナポレオン帝国を前にして国家存亡の危機にあった。タレーランが外相としてウィーン会議に参加したときのフランスは、哀れな敗戦国となっていた。そしてチャーチルは、ナチス・ドイツがヨーロッパ大陸を席捲して、大国フランスが降伏をする時代に、イギリスという孤独な国家の運命を託されていた。戦後に敗戦国の首相としてサンフランシスコ講和会議に参加した吉田茂は、自らの愛する祖国が国際社会から敵視された現実を知っていた。

苦しい現実の世界で希望を抱くということ。それは自然な感情や惰性ではない。それは意志である。希望を求める強い意志によって、自らの国を正しい方向へと導こうとして、それに成功したのだ。

われわれは、人々の悲しみに目を向けて、それらを心に受けとめなければならない。しかしながら、暗い悲しみにのみこまれることがないように、強い意志で希望を感じなければならない。「上を向いて歩こう」とすることが、大切なのだ。

戦後に日本人が、迷い苦しむ中でどのように明るい希望を感じたのか。それを世界史のなかに位置づけて描き出すことで、今の時代に必要な希望を考えることができるかもしれない。

目次

はじめに　*3*

「上を向いて歩こう」　語られない歴史　東京オリンピックの夢

時代が動くとき　「戦後史の解放」とは何か　希望は可能か

序章　国際主義と愛国心　*27*

複数の「戦後史」　揺れ動く歴史認識　「対米従属」批判の陥穽

自主独立した日本　孤立主義から国際主義へ

「右であれ左であれ、わが祖国」　「愛国心」とは何か

「反米主義」という「ナショナリズム」　国際主義的な「愛国者」

「英、米両国民気質の比較」　「新しい曲学阿世」　悲劇と再生

第1章　崩れてゆく秩序　57

1　終幕を迎えた戦争　57
スイスに届いた電報　巨大な帝国の崩壊　終戦の多様な位相
崩れ落ちる正義

2　大日本帝国の崩壊　67
帝国の崩壊とその後　日ソ開戦へ　ソ連軍の対日参戦準備
新京の動揺　満州国に居住する少年　皇帝溥儀の逃避行
満州国の消滅　高碕達之助の戦中と戦後　朝鮮半島における敗戦
米軍統治の開幕　忘れられた帝国臣民

3　アジアにおけるパワー・バランス　93
「力の真空」をめぐる政治力学　忘却される記憶
アジアのなかの日本　戦争と平和の間で

第2章　アメリカが創った秩序　105

1　「アメリカの海」へ　105
孤立主義からの訣別　逆説としての日米関係　パラオの碧い海
西太平洋の戦略的要衝

2　国家安全保障を求めて　116
島嶼の支配へ　アメリカの国家安全保障
前方展開基地としての日本　制空権と航空戦力
「海防上の大変革」　日米の島嶼戦　戦後構想のなかの太平洋
「力の真空」を埋めるアメリカ

3　マッカーサーの平和　132
マッカーサーの到着　重光葵の覚悟　日本の降伏
マッカーサーの統治　連合国の諸大国の立場

ロンドン外相理事会　ソ連の交渉戦術　日本と東欧との「交換」
モスクワでの合意　アメリカが創る秩序

第3章　新しい「国のかたち」　*161*

1　衛兵の交代　*161*
「新しい日本」を求めて　二人の政治家　近衛文麿と幣原喜重郎
「外交に通暁せる者」　「国際信用」の回復を目指して
「正義の外交」の必要　東久邇宮内閣成立

2　近衛文麿の戦後　*175*
近衛文麿の憂鬱　マッカーサーとの会談
近衛の憲法改正への動き　近衛文麿の退場　最後のメモ
歴史の審判　無責任と弱さ

3　幣原喜重郎の戦後　*194*

「政治の組立から改めなければならぬ」　幣原喜重郎の再登場
幣原内閣と昭和天皇　天皇制維持への逆風
保守的な憲法問題調査委員会　戦争放棄条項の誕生

4　アメリカが創った憲法　*213*

ＧＨＱの動き　宮沢俊義の反米主義
松本委員会の「憲法改正要綱」　アメリカによるイニシアティブ
「戦争の放棄」誕生の背景　憲法九条と天皇制　ＧＨＱの対応
松本烝治の蹉跌　幣原の怒り　ホイットニーからの提案
白洲次郎の矜恃　松本烝治の抵抗　混迷する閣議
芦田均の国際主義　「この外に行くべき途はない」
「大局的判断」と「国際感覚」　極東委員会と対日理事会の開催
「憲法改正草案要綱」の発表　痛みをともなった前進

註　261

後編

第4章　分断される世界
1　リアリズムの復権
2　再編される世界秩序
3　ジョージ・ケナンと日本

第5章　国際国家日本の誕生
1　吉田茂と新生日本
2　芦田均の国際感覚
3　吉田茂と政治の保守化
4　冷戦のなかの日本
5　平和という蜃気楼
6　講和会議への道

終章　サンフランシスコからの旅立ち
おわりに

戦後史の解放Ⅱ

自主独立とは何か

前編　敗戦から日本国憲法制定まで

序章　国際主義と愛国心

複数の「戦後史」

われわれは歴史を学ぶことで、ある一定の桎梏《しっこく》に閉ざされる。特定の価値観や、時代性、イデオロギーなどのコンテキストのなかで歴史が描かれることで、それを描いた歴史家がつくる檻の中に入らざるをえない。あるいは、無意識のうちに、ある特定のイデオロギーに基づいた歴史観という檻の中に、自ら好んで入ってしまっているのかもしれない。もちろん、私が描く歴史も、そのような制約から逃れられるわけではない。歴史は、われわれの視野を狭くすることがある。

他方で、歴史はわれわれを解放する。現代の時代を相対化して、われわれが持っていた独特な偏見を打ち砕き、それまでとは異なる新しい、生き生きとした地平を見せてくれる。つねに新しい時代には新しい歴史解釈が生まれ、そこからわれわれは何かを学ぶことができるはずだ。そのためにも、いままでとは異なる視点から歴史を眺める必要がある。そのような新しい視点から歴史を眺めることで、同じ時代を見つめても、それが異なる様相をわれわれに示してくれるであろう。

それは、われわれが戦後史を学ぶ際にも同様である。「戦後」という時代区分は、国によって異なる。イラクであれば、二〇〇三年開戦のイラク戦争後かもしれないし、コソボであれば一九九九年のコソボ戦争後であろう。朝鮮半島で最後に戦われた戦争は、朝鮮戦争であり、それ以後が「戦後」である。また、ベトナムであれば、一九七五年のベトナム和平と南北統一以後であろう。戦争の数が無数にあれば、戦後の数も無数にある。そしてそれと同時に、「戦後史」もまた無数にあるのだ。われわれは、ある特定の戦争を想起しながらある特定の「戦後史」を選び、その中から世界を眺めているに過ぎない。そこに、国境を越えて歴史認識を共有することの難しさが存在する。

日本で「戦後」という場合、誰もが第二次世界大戦後をイメージするのは、幸いなことにそれ以後七〇年を超えて、日本が交戦国となるような戦争がなかったからである。日本の「長い戦後」は、言い換えれば、日本の長い平和国家としての歩みを意味している。それが終わる時期がいずれくるかもしれない。将来、われわれが巨大な戦争の惨禍を経験することがあれば、それ以降の歴史が「新しい戦後史」となる。そしてそれは、「古い戦後史」とは区別されるであろう。

世界の多くの国民が、第二次世界大戦後に戦争を経験している。アメリカ国民の場合は、朝鮮戦争やベトナム戦争など、複数の「戦後」が存在する。他方でわれわれは、そのようなかたちで戦争を経験していない。だとすれば、例外的に「長い戦後」を過ごしてきた日本人が自明と考えている「戦後史」が、世界で必ずしも共有されていないという事実を、われわれは知る必要があるのだろう。他国では、異なる「戦後史」の物語が描かれているのだ。このように、「戦後史」を複数形で捉えることが重要である。

われわれが歴史和解を進めるためには、自国の歴史認識を他国の人々にも分かってもらえるよう真摯な努力をすることが必要だ。それと同時に、他国が自明と考える歴史観をわれわれが理解し、またそれを可能な範囲で共有する努力をすることも必要であろう。本書は、そのための補助線となるような、これまでのわれわれになじみのある一般的な「戦後史」とは異なる視座を提供することを目指している。それは、国際的な視座から、日本の戦後史を再構築する試みである。

揺れ動く歴史認識

ここでは、「戦後史の解放」という視点から、従来のわれわれが一般的に抱えてきた戦後史の理解を相対化することを試みたい。ここでいう「戦後史の解放」とは、われわれが無意識のうちに捉われている「イデオロギー的な束縛」「時間的な束縛」「空間的な束縛」から自らの思考を解放するような、これまでとは異なる視点を提供する試みである。本書では第二次世界大戦の敗戦からサンフランシスコ講和条約に調印するに至るまでの、国際社会の中での日本の歩みを論じていくことにしたい。

われわれが第二次世界大戦後の歴史を語る上でもっとも強力な「イデオロギー的な束縛」とは、冷戦史という視点であろう。すなわち、米ソのイデオロギー対立として戦後史を捉える見方で、そのなかで日本が西側陣営の一員になったことを擁護する側（保守派）と、批判する側（革新派）

に分裂して、それが相互に対立して衝突を重ねてきた。そのような政治空間および言論空間におけるイデオロギー的な衝突が、戦後の歴史を語る上で多くの歪みをもたらしてきた。

たとえば、前者の側に立つ歴史家はサンフランシスコ講和条約や日米安保条約を肯定的に評価し、後者の側に立つ歴史家は反対にそれに批判的である場合が多かった。なぜならば、サンフランシスコ講和条約や日米安保条約は、西側陣営の一員としての日本という立場を固定化していったからである。一九六〇年の安保闘争も、一九六〇年代末の学生紛争も、そしてつい最近の安保法制をめぐる対立も、その多くはこのようなイデオロギー対立をその根に持っている。

冷戦が終わり、共産主義体制が崩壊すると、西側諸国の勝利を前提とした歴史観が広がっていき、浸透していった。アメリカの掲げる自由主義や民主主義といった価値が普遍的な正義と認識されるようになり、またアメリカとの同盟関係が自然な前提とみなされるようになった。かつての保守派は勢いを拡大し、革新派は劣勢となった。冷戦時代に日米同盟を批判した社会党（現在の社民党）を中心とした革新勢力は、政治の舞台から消えつつある。

だが、その後も世界は大きく動いている。というのも、かつての西側陣営の基礎となっていた価値が、いまや大きく動揺しているからだ。アメリカのトランプ大統領自らが、西側諸国の基礎となっていた自由主義や民主主義という価値、さらにはアメリカを中心とした同盟関係に疑問を投げかけているのだ。われわれが信奉するイデオロギーは大きく動揺し、それとともにわれわれが前提としている歴史観も大きく揺らいでいる。

次に「時間的な束縛」とは、「一九四五年八月一五日」の前と後とをあまりにも簡単に分断してしまうことで、その複雑な繋がりを見失ってしまうことを意味する。たとえば、一九四五年以降のみを論じるとすれば、それ以前に連合国内で準備されてきた戦後構想の計画を十分に理解することができない。あるいは、「八月一五日」以降も戦闘が続いていた満州(現在の中国東北地方)や南樺太、千島の悲劇を看過することになりかねない。たった一日の前後で戦争と平和が明瞭に分かれているほど、歴史は単純ではないのだ。

それでは、「空間的な束縛」とは何か。たとえば本書においては、戦後の「日本国」のみを歴史叙述の対象とする限界を指摘する。それは、戦前や戦時中から戦後にかけて、「日本」を意味する領域が、東アジアの広域に領土を拡張していた「大日本帝国」から、日本列島の四つの島とその付属島嶼に限定される「日本国」へと変容したことが大きな意味を持つと考えるからだ。同時に、日本の政治や安全保障が、アメリカのアジア太平洋戦略のなかに埋め込まれる過程に注目することで、より広い空間の中に日本を組み込んで、より奥行きがある形で戦後史を語りたいと思う。

大日本帝国崩壊後に、多くの外地が切り捨てられてしまっており、その外地に住む人々が引揚げてくる歴史を見失ってしまえば、われわれは戦後史の重要な一面を見逃してしまうのではないか。というのも、そこで数多く見られ、しかしあまり語られる機会が少ないその悲劇は、疑いなく日本の戦後史の一部に組み込まれるべき重要な要素だからだ。あるいは、戦後に活躍する政治家や経済人の多くが、戦前あるいは戦時中に中国や朝鮮半島などの土地で活動して、人間関係や社会関係を構築してきた事実を無視してしまえば、それらの人々の想いや思考を深く理解することは難しくなるだろう。

それゆえ国際政治学者の渡邉昭夫東京大学名誉教授は、われわれがより広い視野から「アジア太平洋の戦後史」を描く必要性を説いている。渡邉は、「戦後の日本史を取り上げるときには、縦糸としての日本の近代という長い話の一つ、部分として位置づけるのは確かに必要だけれども、もう少し広いアジアとの横の関係を捉える視点がなくてはならない。アメリカを含めてアジア太平洋が一つのものとしていま動いてきている」と語る。(1) さらに「ある程度はアジア太平洋も一つのものとして動いてきていて、それが一九四五年から後の、つまり日本のあの戦争が終わって後の一つの時代の中で相互のやりとりがあって、今の中国があり、今の韓国があり、今の東南アジアがあり、今のアメリカがあり、今の日本があるんだ、ということになると、それら全体を包む一つの共通の歴史意識が形成されてもおかしくないのではないだろうか(2)」というのだ。

渡邉は、一九三二年に千葉県に生まれて、東京大学文学部を卒業した後に、オーストラリア国立大学大学院で沖縄返還に関する学位論文で博士号を取得している。その後は、香港大学講師を経て、東京に戻り明治大学専任講師、さらには東京大学教授となり、数多くの後進を育てた。渡邉は、複数の「戦後史」を生きて、「空間的な束縛」を超えた視点を有している希有な日本政治外交史の専門家である。

もちろん、われわれの歴史的な視野を無限に拡大することはできず、一定の制約や限定性に縛られることは不可避である。しかし、それでも、これまでわれわれが一般的に「戦後史」を語る際に見逃してきた側面に光を当てることで、より豊かな歴史の可能性を模索してみたい。本書のタイトルにある「戦後史の解放」とはその試みのことを指している。

「対米従属」批判の陥穽

それでは、本書においてはどのような視座から、新しい戦後史を描くことになるのか。私がここで目指しているのは、ひとつには、「対米従属」か否かというあまりにも不毛な論争を相対化することである。

なぜか。それは、対米従属か否かという問いを発すること自体が、われわれの豊かな戦後の歴史を、日米の二国間関係史という「束縛」のなかから覗くという視野の狭窄を露呈しているからである。世界は広い。戦後史を「点」や「線」としてではなく、「面」としてとらえることが重要だ。日本の対外関係において、それがどれだけ重要であったとしても、アメリカとの関係はあくまでも数多くある対外関係の中の一つに過ぎない。戦後日本を占領したのは連合国である。そこには英連邦進駐軍も含まれている。また、東京裁判の裁判官は、連合国一一ヵ国から選ばれた一一人の国際的なメンバーで構成されており、裁判長はオーストラリア人のウィリアム・ウェッブである。アメリカには、その一国で世界を支配して、日本の戦後を自由自在に独占するほどの絶対的な力はなかった。

ウィリアム・ウェッブ

日本は、アメリカ合衆国のなかに位置するのではない。アジア太平洋地域のなかに位置するのであり、さらにはより広い国際社会のなかに位置するのである。だとすれば、われわれは対米関係のみならず、国際社会との関係に視野を広げて、世界を眺める必要がある。「対米従属」批判というイデオロギーに束縛されて、対米関係という狭い空間に閉じこもってしまっては、豊かな歴史観を養うことができないであろう。

元首相の鳩山由紀夫は、孫崎享と植草一秀との共著で、『「対米従属」という宿痾』という著書を刊行している。[3] 対米関係の重要性のみを語る論者が日米関係という「空間的な束縛」の下にあるのと同様に、「対米従属」批判の視座からのみ戦後史を語る鳩山らもまたそのような束縛の中で戦後史を見ているというべきであろう。

アメリカに留学して、スタンフォード大学大学院博士課程で学んだ鳩山が、アメリカという視点、あるいは日米関係という視点から戦後史を語ることは、それほど不思議なことではないかもしれない。ただしそこに見られる一つの特徴は、きわめて強いアメリカへの不信感と、そこから距離をとることへの欲求である。アメリカとの距離によって、日本のナショナリズムをとらえているのである。鳩山は、「日本を真に尊厳のある国にしたい」と語り、「そのためには、アメリカの保護領だなどと揶揄されるのではなく、真の意味で独立した国にしたい」と述べる。そして、自らの政治活動を通じて、「なぜ独立運動とも言える革命的事業が成功しなかったのか、この本の鼎談の中で明らかにしていきたいと思います」と言う。[4] さらにはTPPによるアメリカとの経済的な結びつきの強化を批判して、「作物の種子戦争でアメリカが勝利し、日本人の生殺与奪の権をアメリカが握ることにならないか、非常に心配しています」と危機感を煽りたてている。[5]

自主独立した日本

それでは日本は経済的に、あるいは政治的にどれほどアメリカに依存しているのか。まず経済面で論じるならば、日本経済はアメリカとの貿易のみに依存しているわけではない。日本の最大の貿易相手国は中国である。また、そもそも日本経済の貿易依存度はきわめて低い。二〇一六年の数値で、韓国の貿易依存度が六四・八三％、ロシアが三六・八八％、中国が三〇・六二％であるのに、日本は二四・七六％である。[6] そして、日本の対外貿易に占めるアメリカの割合は、一五・八％に過ぎない。[7]

すなわち、日本経済全体のなかで、対米貿易への依存度が三・九一％を占めるに過ぎないにもかかわらず、鳩山はなぜそこまで「日本人の生殺与奪の権をアメリカが握ること」を警戒するのか。おそらくは、一九九五年時点で日本の対外貿易の四分の一が対米貿易だった時代の記憶が強すぎるのだろう。

そもそも、日本経済が黄金期にあった九〇年前後と比べても、日本はかなりの程度「尊厳のある国」であり「独立した国」となっている。対米関係のみで外交を考える鳩山は、いまやＡＳＥＡＮ諸国において、日本がもっとも好感度の高い国となっているという事実を知らずに、日本が「尊厳のある国」ではないと思っているのだろう。二〇一四年のＡＳＥＡ

鳩山由紀夫

N調査では、最も信頼できる国として日本を選んだ人が三三％であるのに対して、アメリカを選んだ人は一六％、中国を選んだ人は五％に過ぎない。ASEANで日本は、最も信頼されている国であるという事実を知るべきである。(8)

また、外国により自国が操作され、自国が「真の意味で独立した国」ではないという陰謀論や批判はどの国にも見られるものだ。興味深いことに、アメリカではまさにトランプ大統領その人が同様の批判を日本に対して展開している。すなわち、アメリカが日本により操作されて、国民の利益が損なわれているという批判である。トランプ大統領は、笑顔を浮かべる安倍首相が非常に狡猾にアメリカを利用していると非難する。すなわち、「そのほほえみの裏には、こんなに長い間米国を利用できたことは信じられないという思いがある」のであり、貿易面でアメリカ経済がこれまで日本に支配されてきたことに怒りを述べ、自らの政策によって「そうした日々は終わる」と国民に訴えるのだ。(9)

この、鳩山元首相の対米批判と、トランプ大統領の対日批判は、驚くほど似た精神構造に基づいている。それは独善的なナショナリズムと、自己正当化、そして相手に対する不信感と不寛容に基づくとともに、適切なデータを参照せずに自らの感情や印象に依拠したきわめて危険な対外批判である。そのような、感情的なナショナリズムに基づいた、正確な事実に基づかない印象論的な歴史観ほど、危険なものはない。対米批判に傾倒して日本のナショナリズムを語る鳩山元首相の歴史観は、「イデオロギー」「空間」「時間」という三重の意味で「束縛」されているといえる。

われわれは、「親米」か「反米」かという二分法で歴史を眺め、対米関係のみに光を当てることで、あまりにも多くの重要な歴史的な事実を看過して、過度の視野狭窄に陥ってしまう。先に見たとおり、いまや日本にとって、アメリカ一国との関係よりも、アジア諸国との関係の方が、経済的にも政治的にも重要になりつつある。他方で、戦後史をわれわれが考える際も、日英関係史、日中関係史、日ロ関係史というように、より複眼的かつ総合的に眺めることが必要であろう。もちろんアメリカの国力の規模を考えれば、それらのなかで日米関係が重要な位置を占めること自体は自然なことである。占領期の日本の歴史を語る本書においても、対米関係は圧倒的に大きな位置を占めている。ただ、それは日米関係史よりも広い世界を見ないことと、同義ではない。

戦後初期の時代において、アメリカの国力は他国に比して圧倒的であったが、他方でアメリカの国際的な影響力は限定的でもあった。アメリカは、中国の共産化を阻止することができなかったし、朝鮮戦争に勝利をすることもできなかった。アジアにおいてはイギリスやフランスが依然として巨大な植民地を擁しており、当時のアジアにおける政治指導者の多くはイギリスやフランスでの留学経験を有していた。外交史家のジョン・ルイス・ギャディス・イエール大学教授は、核兵器を独占することで自らを「全能（omnipotence）」と見なしていたアメリカの「無能力（impotence）」という逆説を、鮮やかに描いている。[10]

もとより当時の日本国民にとっては、「外地」であった朝鮮

トランプ大統領

半島や中国の政治的および地理的な繋がり、心理的な近さ、そしてその重要性こそが圧倒的であった。多くの日本人が、大陸に渡って経済活動を行ったり、人的なネットワークを構築したりしていた。またこれら外地に居留する日本人の多くが、戦後に内地へ引き揚げるなかで、家族や、友人や、恋人を外地に残して離別しなければならなかった。そこには多くの悲しい物語があった。大韓民国（韓国）や朝鮮民主主義人民共和国（北朝鮮）が独立し、また革命により中華人民共和国が成立した後に、しばらくの間は、これらの国交を持たないアジア大陸の国々から日本は切り離されてしまった。

共産化と革命、戦争に覆われたアジア大陸から引き揚げ、それらの諸国との緊密な繋がりを失っていくなかで、それとは対照的に、日本にとってアメリカという大国との関係が圧倒的な比重を持つようになっていく。それはむしろ、本書が扱う時期以後の時代における、対外関係の構造における巨大な転換であった。アジア大陸からアメリカへと、日本の外交基軸が動いていくことが、占領時代における一つの重要な底流であった。

このように、日本とアメリカとの関係が、ソ連とアメリカとの間の冷戦や、中国内戦、朝鮮半島分断、東南アジアの脱植民地化というような国際環境の変容と連動することで、戦後の日本の歴史が動き始めた。

孤立主義から国際主義へ

そのような国際情勢の潮流を、日本においても冷静かつ適切に理解していた国際主義者たちがいた。彼らは戦前には外交官として国際舞台で活躍したり、あるいは海外で交友関係を広げていたり、日常的に外国語の新聞や文献を通じて世界で何が起こっているのかを把握していた。戦前と戦時中には活動の場が大きく制限されていた彼らは、戦後の日本で再び重要な役割を担うことが期待された。それら国際主義者たちとは、幣原《しではら》喜重郎であり、吉田茂であり、芦田均《ひとし》であった。さらには、東久邇宮稔彦王《ひがしくにのみやなるひこ》であった。

戦後、サンフランシスコ講和条約が発効して日本が主権を回復するまでの七年間で、五人の首相のうちの三人が元外交官であり、そのうちの四人が外国語を操ることができた。皇族であり、陸軍軍人であった東久邇宮は、一九二〇年から二六年までフランスの陸軍士官学校およびエコール・ポリテクニークで学び、第一次世界大戦後のパリの国際主義の空気を吸収していた。幣原は駐米大使、そして吉田は駐英大使を経験し、また芦田はフランスやトルコの大使館勤務を経験している。国際情勢がどのように動いているのかを、彼らほど適切に理解できた政治指導者はそう多くはない。

そしてそのような人物が、戦後の日本の首相として国家を牽引していくことは幸運であった。そうでなければ、海図のない大海原の中で、戦後再出発した日本という国家が荒波に飲み込まれてしまっていたかも知れない。北岡伸一東京大学名誉教授によれば、「日本の内政の重要部分は、GHQとの交渉によって行われることとなった」のであり、また「この時期、日本の内政はほとんど外交、それも対米外交だったのである」[11]。潮の流れを適切に読む力を持つ彼らの導きによって、出港間もない「日本」という名の船は、安全な航路に出ることができた。

戦後日本は大きく変容していった。戦前の日本は国際連盟を脱退し、国際社会に敵対して、さらには国際的に孤立して、戦時中は「連合国（ユナイテッド・ネーションズ）」の「敵国」となった。それに対して戦後日本は、国際協調の精神を新憲法に埋め込み、国際社会との協調を基本的な外交路線として、国際法に従って行動する必要を認識した。それは、孤立主義から国際主義への跳躍であった。

一九四五年九月までの年月とは異なり、戦後を歩み始めた日本は国際国家となり、リベラルな国際主義を志向して平和国家となった。そのような、日本という国家の「国のかたち」を創っていく上で中心的な役割を担ったのが、幣原、吉田、芦田という三人の首相であり、元外交官であった。幣原内閣で吉田は外相という立場で、そして芦田は厚相という立場で新憲法制定を実現させ、そこに国際主義の精神を埋め込み、日本の国際協調を基本方針とする外交路線を創りだしたのだ。また、彼らは外交官出身の首相として、戦時中の連合国間協力の時代から戦後の冷戦対立の時代へ、国際環境が急転する様子を的確に理解していた。

国際主義（インターナショナリズム）とはそもそも、国家主義（ナショナリズム）と対立する概念ではない。むしろナショナリズムを基礎として、インターナショナリズムは存在する。なぜならば、国際主義は、スープラナショナリズム（超国家主義）や、トランスナショナリズム（脱国家主義）、コスモポリタニズム（世界主義）とは異なり、国家（ネイション）の存在を前提としているからである。ネイションとネイションの間の、インターナショナルな協力やその共存を目指すところに、国際主義の本質は存在する。

すなわち、本書が説くもっとも根幹的な主張は、戦前から戦後へと時代が変わる中で、日本はこれら国際主義者たちの構想と行動に基づいて、国際主義の理念を基礎とする国際国家へと変貌を遂げたというものである。

幣原、吉田、芦田の三人は、確かに異なる政党に所属する結果となり、政党政治の世界で対立を示すことも少なくなかった。また保守主義者である吉田と、より中道的な芦田では、擁護する政治的なイデオロギーも完全に一致していたわけではなかった。しかしながら、彼らは、日本が国際社会の孤児になることなく、国際国家として歩んでいくことについて、疑いを持たなかったのである。そして、それはまた彼らが日本という国家を愛し、日本の伝統の価値を適切に評価する愛国者であったことを意味している。

「右であれ左であれ、わが祖国」

イギリスの作家であり評論家であるジョージ・オーウェルは、第二次世界大戦中の一九四〇年に「右であれ左であれ、わが祖国」という愛国主義的な文章を綴っている。彼は、安易でナイーブな平和主義を排して、軍事力を背後に持って祖国の伝統や文化を守る必要を説いていた。そして、そのような愛国主義の価値が失われていたことにより、イギリスが十分な軍事力を備えずに、ナチス・ドイツの激しい攻撃にさらされる結果になったと、嘆いていた。

オーウェルは語る。

「私たちの平和主義は、強力な海軍力で保護された国に特有の、一面的なものだった。戦後長い間、軍事問題への知識や関心を少しでも持つと、『進歩的』なグループから疑いの目で見られた。銃のどちら側から弾が出るのかを知っているだけでも、そう思われた。第一次大戦は無意味な虐殺だとして否定され、戦死した人でさえ、ある点で責任があるとみなされた[12]」

興味深いことに、このオーウェルの言葉のなかの「強力な海軍力」を、「強力なアメリカの海軍力」として、「第一次大戦」を「第二次大戦」に入れ替えただけで、そのまま現在の日本にも当てはまる。オーウェルは、国民が真剣に祖国を守るという発想を捨ててしまったことによるあまりにも巨大な代償を、ドイツ軍の激しい爆撃によって受けていると考えた。彼は、祖国の伝統や文化を守りたかった。それらが、ヒトラーに降伏することによって失われることは、耐えがたかった。その意味でオーウェルは紛れもない愛国者であった。そこに、左翼も右翼もない。だから、オーウェルは武器を持ってヒトラーの侵略に抵抗する必要を、次のように訴えたのだ。

「私がこの戦争を支持する理由を弁じなければならないとしたら、できると思う。現実には、ヒトラーに抵抗するか降伏するか、二つにひとつの道しかないのであり、私なら社会主義者の観点から言って抵抗した方がよいと言おう[13]」

美しい日本の文化や伝統、そして国土を守る意志を持つ者が愛国者であるならば、戦前に日本を破滅的な戦争へ導いた右派的な指導者も、戦後の日本が軍事攻撃に曝される可能性を視野に入れない左派的な知識人も、何かが不足していた。そして、それらを守ることに貢献し、困難な時代の舵取りを行った本書に登場する首相たちは、むしろそれらとは対照的に、愛国者の名にふさわしい指導者であった。

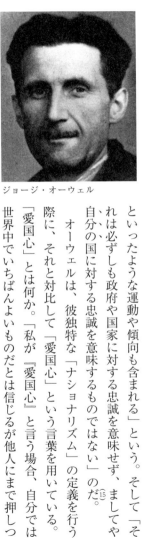

「愛国心」とは何か

オーウェルは、肯定的な意味で「愛国心」を語ると同時に、特定の狭いイデオロギーや視野に固執した、否定的な感情に基づいた思想を、通常とは異なる意味で「ナショナリズム」と呼んだ。オーウェルは、「必ずしも普通に使われている通りの意味でそれを使っているのではない」として、「私の言おうとしている感情は必ずしもいわゆるネイション――つまりひとつの民族ないし地理的領域――と結びつくものではない」と論じる。そうではなく「それは宗派とか階級とかに付随することもありうるし、またなんら積極的な忠誠の対象を必要とせず、ただ何かに反対するという否定的な意味だけで作用することもありうる」と説明する。(14)

ジョージ・オーウェル

興味深いことに、オーウェルはそのような「ナショナリズム」に「共産主義、政治的カトリシズム、シオニズム、反ユダヤ主義、トロツキズム、平和主義、といったような運動や傾向も含まれる」という。そして「それは必ずしも政府や国家に対する忠誠を意味せず、ましてや自分の国に対する忠誠を意味するものではない」のだ。(15)

オーウェルは、彼独特な「ナショナリズム」の定義を行う際に、それと対比して「愛国心」という言葉を用いている。「愛国心」とは何か。「私が『愛国心』と言う場合、自分では世界中でいちばんよいものだとは信じるが他人にまで押しつけようとは思わない、特定の地域と特定の生活様式に対する献身を意味する」。そして、「愛国心は軍事的な意味でも文化的な意味でも本来防御的なものである」[16]。だとすれば、戦前の日本で「八紘一宇」や「東亜新秩序」を掲げて、日本の正義を「他人にまで押しつけよう」としたならば、それはオーウェルの定義によれば、「愛国者」ではないことになる。

一方、オーウェルが定義する「ナショナリズム」とは「否定的な感情」をもとにしたイデオロギーである。すなわち、オーウェルが語るには「ナショナリスティックな感情は純粋に否定的な形もとりうることを、もう一度強調しておいてもよいだろう」[17]。オーウェルの独特の定義に基づけば、「愛国者」は他者と協力することができるが、「ナショナリスト」にはそれができない。「愛国者」は他国の文化や伝統を尊重するが、「ナショナリスト」はそれを侮蔑する。もしもオーウェルの定義を、本書の議論と結びつけるのであれば、戦後日本を再生させた国際主義者たちは「愛国者」であった。

今の世界には「ナショナリズム」が蔓延している。「ナショナリズム」は国際協調を破壊する。オーウェルは述べる。「いかなるナショナリストも、可能なかぎり、自己の勢力単位の優越性以外のことは、考えたり、話したり、書いたりしない」。他方で、「自己の単位を少しでも軽蔑したり、競争相手を暗にほめるような言葉を聞かされると、心平らかならざるものを覚え、語気鋭く反駁しないではおれない」[18]。オーウェルが定義したこの場合の「ナショナリスト」には、「共産主義者」や「平和主義者」も含まれることを確認したい。彼らは戦闘的であり、自らの正義に疑いを持たず、他者との共存や協力を拒絶する。

さらにオーウェルは、激しく「ナショナリスト」を攻撃する。「ナショナリストの考え方はしばしば感応術を信仰しているのではないかという印象すら与える――政敵の偶像を作って燃やしたり、政敵の写真を射撃場の標的にしたりする習慣が広く行なわれているのは、おそらくその現われであろう[19]」。われわれは、天皇制を批判する「共産主義者」や、アメリカを攻撃する「反米主義者」、そしてベトナム戦争などに反対するときの「平和主義者」が、これらの手法をしばしば用いることを覚えている。そのことは、次のようなオーウェルの言葉を知ることで、より一層説得力が増す。

「ナショナリストはたえず権力や勝利や敗北や復讐を考えているくせに、しばしば、現実の世界で起こっていることにある程度無関心になる。彼が望むのは自分の陣営が相手を打ち負かしていると感じることであって、そのためには、自分の主張が事実に合っているかどうかを調べるよりも、敵をへこます方が近道なのである[20]」

結局、幣原、吉田、芦田らの国際主義者が、首相に就いた後に攻撃を受けたのは、これらの「ナショナリスト」によるものであった。そこには「共産主義者」や「平和主義者」が含まれていた。そして興味深いことに、幣原、吉田、芦田は戦前の日本においても、異なる種類の「ナショナリスト」たちによる攻撃と批判を受けていたし、さらに言えば、現在でも彼らの政治指導を激しく批判する歴史論がしばしば見られる。

「反米主義」という「ナショナリズム」

幣原、吉田、芦田らをもっとも激しく批判する論者は、現在では「対米従属」批判を行う「反米主義者」たちである。彼らの主張は、驚くほどまでに、オーウェルが批判する「ナショナリスト」としての特徴と一致している。まず彼らは、「否定的な感情」に駆られて、アメリカと日米同盟を攻撃する。たとえば、その代表的な論者の一人である白井聡京都精華大学専任講師は、レーニン思想研究を基礎としながら、『永続敗戦論』と題する著書の中で激しくアメリカを攻撃する。[21]

その著書はアメリカに対する「否定的な感情」で埋め尽くされており、「暴力としてのアメリカ」に「隷属」する日本を激しく批判する。そして白井が述べるところの「対米従属」を基礎とする戦後体制を「侮辱の体制」と規定する。[22]

「反米主義」のイデオロギーに基づいた「ナショナリズム」と類似したもの、あるいはそれと一部重複するものとして、「平和主義」というナショナリズムが存在する。オーウェルが、他者に不寛容な「ナショナリズム」の一つとして、そのような「平和主義」を含めているのは興味深い。オーウェルは述べる。

「大部分の平和主義者は、あまり正体のはっきりしない宗教団体に属するか、もしくは、人命を奪うことに反対するというだけで、それ以上に論理を推し進めようとしない単なる人道主義者であるか、いずれかである」[23]

さらにオーウェルは、「平和主義者」の偽善を批判して、次のように続ける。

「のみならず、彼らは原則として暴力そのものを排撃するのではなく、西欧諸国の防衛に用いられる暴力だけを非難するのである。ソヴィエトはイギリスと違って、戦争のような手段によって自己防衛をしたからといって非難されることはない。というよりも、そもそもこの種の平和主義のプロパガンダは、ソヴィエトや中国については触れないようにしている。また、インドは反英闘争に暴力を用いるべきでないなどとは主張しない(24)」

このことは、戦後日本の「平和主義者」たちが、「暴力としてのアメリカ」を激しく罵り攻撃しながらも、北朝鮮や、北ベトナム、中国や、ソ連といった共産主義諸国が行う戦争に対して、多くの場合に驚くほど無批判であり、ときには同情的であることを想起させる。それはどう考えてみても、公平な態度ではない。マルクス＝レーニン主義の教義に基づいて、共産主義勢力の拡大はたとえ暴力を用いても望ましいことであり、資本主義勢力の戦争は悪であると批判するならば、それは政治的なプロパガンダであろう。だからこそオーウェルは、そのような「共産主義」や「平和主義」のイデオロギーを掲げる「ナショナリスト」が、「可能なかぎり、自己の勢力単位の優越性以外のことは、考えたり、話したり、書いたりしない」ことを、批判しているのだ。

国際主義的な「愛国者」

本書は、そのような「共産主義者」や「平和主義者」のイデオロギーを纏った「ナショナリスト」たちにより、同時代的にも、あるいは現代的にも激しい批判を受けてきた幣原、吉田、芦田のような国際主義者たちをオーウェル的な意味で「愛国者」と位置づけて、その軌跡を再評価する試みである。彼らは、日本という、「特定の地域と特定の生活様式に対する献身」を示しながらも、「自分では世界中でいちばんよいものだとは信じるが他人にまで押しつけようとは思わない」という意味で、「愛国者」であった。また、「愛国心は軍事的な意味でも文化的な意味でも本来防御的なものである」という言葉の通り、彼らは国際協調の価値を理解し、同時に慎慮と節度をもって外交を行う必要を説いていた。

たとえば吉田茂は、日本の伝統としての皇室の重要性を説くことを躊躇しなかった。吉田は回顧録で、「日本民族の国民的観念として、皇室と国民とは一体不可分である、と私は信ずる」と述べている。(25) さらには、吉田は自らの皇室観を次のように記している。

「皇室の始祖はすなわち民族の先祖であり、皇室はわが民族の宗家というべきである。換言すれば、わが皇室を中心として、これを取り巻く家族の集団が、大和民族であり、日本国民であり、これが日本国家を構成しているのである。古くより、君臣一家のごとく相依り相扶けて、国をなし来たったというのが、日本の伝統であり、歴史である。この伝統、歴史によって、祖先崇拝の大義が生まれ、培われ、わが民族固有の特性にまで発展し、わが国体の拠って以て立つ大本をなすに至ったのである」(26)

重要なこととして、吉田はそのような日本の伝統を「世界中でいちばんよいものだとは信じるが他人にまで押しつけようとは思わない」姿勢を有していた。それゆえに、「かくてこそわが皇室を以て、真に日本民族の家族的生活の憧憬鑽仰の的とし、これによって国民的統合を保持発展せしむるとともに、国際的家族生活（the family of nations）の善良にして立派なる一員たるを期し得るのである」と述べている。[27]自国の文化や伝統への敬意をもってはじめて、他国の伝統や文化への敬意も生まれる。吉田は述べる。「要するに各国にはそれぞれ立派な歴史と伝統がある。その歴史、伝統の精神を飽くまで尊重し、それを基礎にして、その時代に応ずる政治組織、経済制度が打ち建てられ、発展せしめらるべきものである」[28]。

政治学者の原彬久東京国際大学名誉教授は、このような吉田の皇室観を次のように説明する。

「吉田にとっては、『皇室すなわち国家』である。『皇室がわが民族の始祖、宗家』であればこそ、『皇室を尊崇するのが、人倫の義であり、社会秩序の基礎』であるというのが吉田の天皇観である。しかもこの『尊皇』の思想こそが彼の政治行動を突き動かす原衝動ともいうべきものであり、一個の美学でさえあったといってよい。吉田からすれば、アメリカが『国体護持』ないし『天皇制維持』を敗戦国日本にもたらしたとき、同国の占領統治はあらゆる意味において許されるものであった」[29]。

吉田は、連合国軍最高司令官として日本の占領管理を行うマッカーサーが、日本の伝統でもある皇室の価値を理解したことに、深い敬意を示していた。すなわち、「元帥が日本へ進駐するにあたって、降伏を円滑に実施させるには、天皇のお力に依頼すべきであるという信念の下に、いろいろ工夫をこらしていたようである。元帥は、終戦も天皇の詔勅によってできたのであって、天皇が国民の尊崇の的である以上、天

吉田茂

皇の了解と援助によらなければ、無用の血戦を重ねることになると考えたのだと思う」[30]。
また吉田は、マッカーサーが自らとの会話の中で、「日本は戦争に敗れたとはいえ、皇室の存在は依然磐石の重きをなしている。この皇室を中心に団結せざれば、日本の再建は図り難い」と語っていたことを覚えている[31]。ここに、吉田とマッカーサーが協力する余地が生まれた。

「英、米両国民気質の比較」

他方で、吉田茂の政治指導を理解する上で重要なことは、吉田が「英国流外交」と「米国流外交」の二つの違いを認識して、前者を高く評価して、後者に対して比較的厳しい評価をしていることである。しばしば英米は同じ言語や文化を有する国家として、その共通性が語られる。だが、吉田の場合は長年の外交官としての経験、また自らの駐英大使としての印象からも、この両国の外交の伝統の違いを鮮やかに描いている。

吉田が述べるには、「英国人は植民政策や対異民族政策においては、何んといっても何十年何百年の経験を持っている。短兵急に自己の主張を相手に押しつけるという態度ではなく、急所、要所だけはがっちり押えておいて、あとは或る程度先方の自由に任せたり、あるいは相手方の意向も相当聴き入れるといったやり方である。実証的、実利的だともいえるし、人によっては狡猾だとみるかもしれぬ[32]」。

このように吉田は、「英国流外交」の洗練された手法を賛美する。もちろんそれは「狡猾」ではあるが、少なくとも外交においてはその経験の豊かさが生かされている。他方で、吉田は「米国流外交」には厳しい。次のように述べる。

「これに対して米国人のやり方は、とかく理想に走り、相手方の感情を軽視し勝ちである。机上で理想的なプランを樹て、それがよいと決まると、遮二無二これを相手に押しつける。善意ではあるが、同時に相手の気持とか歴史伝統などというものを、とかく無視してしまう[33]」

　これは、占領下の日本で、外相として、さらには首相として吉田が体験したことであり、強く実感したことでもあった。しばしば吉田は横柄なアメリカ人の軍人や官僚の態度に苛立ち、困惑した。それゆえ、アメリカの占領政策の問題を次のように指摘する。「従って随分多額の金を投じて、援助の手を差し伸べても、結果は反感を招くだけに終る場合さえ起る。例を挙げれば、日本に対する占領管理の場合でも、日本はひどい軍国主義、封建主義の国だと頭から決めてかゝり、これらの主義、制度から日本国民を解放してやろうという態度で臨んでくる[34]」。

　吉田は、そのような独善的なアメリカの占領政策に不満を感じながらも、アメリカと協力する必要を理解していた。それは、吉田が親米的だからでも、対米従属だからでもない。自らの愛する日本が立ち直るためには、それが必要だと考えたからである。アメリカを批判することと、反米的なイデオロギーを主張することは異なる。それは、吉田がイギリスで学んだことであった。それゆえ吉田は、自らのイギリスでの経験を紹介する。

「私どもが時に英国人の知り合いの家庭などに招かれて行くと、雑談のうちに、よく米国の悪口をいう人に出会う。米国人の英語はテリブルだとか、米国人は行儀が悪いとかいった類である。ところが、これを英国人の米国に対する憎悪、嘲笑または反感と思い込むならば、それは全く早合点というものである」[35]

吉田にしてみれば、それは「国民的な反米感情などというものとは、凡そ縁遠いものなのである」[36]。確かにアメリカは、相手国の心情を深く理解せずに、独善的に自らの正義を語ることが多い。したがって、アメリカ人が占領下の日本でとる態度に怒りを感じることがあっても、自然なことである。吉田はそのような感情に同情する。

「そもそも敗戦国民が戦勝国の軍隊に占領せられ、内政外交のあらゆる面に亘ってその指図を受けるのみか、戦犯だの、追放だのと懲罰的な処分を受けるものが多数出たということから、多かれ少かれ、何らかの反感が湧くに至ったことは、蓋し免れ難い自然の数であったであろう。たゞ米軍によって管理された日本の占領政治は、国際情勢の変化という背景もあって、史上稀な寛大にして恩恵的なものとなったために、敗戦国と戦勝国という根本関係は変らぬながらも、その割に国民的反感といった風なものは強く残らなかったのではないかと思う」[37]

「新しい曲学阿世」

吉田の場合は、原理主義的にイデオロギーに固執することとは無縁であった。したがって、国民感情を代弁して、吉田は皇室への尊崇の念を語り、他方でアメリカの占領管理にも一定の理解を示していた。

それではなぜ、占領下の日本でも、さらには現在の日本でも、反米主義のイデオロギーは消え去らないのか。それはアメリカの独善性だけではなく、日本の側にも問題があると吉田はいう。

すなわち、「いわゆる反米感情として、もっと私の重要に思うのは、そんないわば具体的な、個人的な怨恨の類よりも、例のマルクス主義的世界観というか、とにかく米国を資本主義、帝国主義の権化と考え、その対外的働きかけを悉く何らか邪心ある行動の如く思いなす思想風潮である[38]」。

吉田はそこに、卑屈な心性を見た。戦前の権力者への迎合が、民主化された戦後には輿論への迎合へと変わった。吉田は批判する。

「昔は時の権力者に迎合して、これに都合のよい言説をなすものを曲学阿世と呼んだが、終戦後の今日では、言論は全くの自由で、権力者を憚る必要は少しもない。ひたすら、世の風潮に調子を合わせることが、明哲保身の術として、広く行われているようである。新しい意味の曲学阿世と称する所以である[39]」

吉田の考えは戦前も戦後も一貫していた。それは、自由主義や、国際主義に軸を置いて、日本が正しい道を歩むことであり、日本は皇室を中心として独立を維持して、国際社会で名誉ある地位を手に入れることであった。したがって、吉田は戦前の日本では権力に迎合する右翼からの攻撃を受けて、戦後には輿論に迎合する左翼からの攻撃を受けた。

そして多くの知識人は、国民の間に浸透している反米感情を利用して、あるいはマルクス主義的な資本主義批判の言説を広めるという政治的な意図を持って、アメリカを激しく攻撃する。それは、「否定的な感情」に基づくという意味では、オーウェルが述べるところの「反米主義」という名の「ナショナリズム」の表出であった。

悲劇と再生

吉田と同様に、幣原や芦田もまた戦前には右派から、そして戦後には左派から攻撃されることが少なくなかった。他方で彼らは、国際主義的な「愛国者」であった。日本の将来について、けっして希望を失わなかった。戦争により廃墟となった日本では、悲観主義が蔓延していた。そのような悲観論に対抗して、吉田は次のように述べている。

「少くとも、世界の多くの国民に比べて、日本国民がいさゝかも劣っているとは考えられない。そうした意味において、日本国民は十分に自信を持ち、且つ将来に関して楽観して然るべしと、私は思うのである[40]」

幣原、吉田、芦田らの国際主義者は、戦後の廃墟のなかで未来への希望を見いだし、日本の将来を楽観していた。それだからこそ、困難な中で政治指導を行うことができたのだろう。その上で、彼らは冷静かつ的確に、国際情勢の変化を見つめていた。そのなかで最善の政策を描き、それを実行していったのである。

彼らが親英米的であったのは、イデオロギー的な理由からではなくて、国際社会の中核が英米両国によって担われていたからだ。国際社会の規範は英米両国が中心となって生み出しており、戦後の国際組織の多くも英米両国のリーダーシップの下で創設されたものであった。すなわち、少なくとも冷戦体制が確立する以前においては、反英米とは国際社会と敵対することを意味し、親英米とは国際社会と協調することを意味していた。だからこそ、国際主義的であろうとしたときに、また自国の国益を実現しようとしたときに、彼らは英米両国と協調する必要を深く認識していたのである。

しかしながら、同時に、国際社会は英米両国のみによって創られているわけではない。日本は同時に、中国や朝鮮半島、東南アジア、オセアニア、ソ連、さらには欧州諸国との関係もまた重視しなければならなかった。そこに外交が介在する余地があった。とはいえ、冷戦下で世界が自由主義陣営と共産主義陣営に二分されて、そしてその両者が敵対していく以上、日本がそれを望んだとしても、双方と友好関係を維持することは容易ではなかった。そのような厳しい国際情勢の中で、占領下の日本は自国の主権と独立を回復しなければならなかった。

戦争に敗れ、都市部が廃墟となり、主権を失った日本は、多くの悲劇に向かい合わなければならなかった。そして、そのような悲劇のなかで日本を再生させることで、それを乗り越えねばならなかった。同時に、そのような悲劇を経験したことが、日本を再生させるための原動力にもなった。戦後日本を悲劇だけで語るならば、それはあまりにも明るい契機を見失うことになる。他方で、戦後日本を再生のみで語るのであれば、それは数多くの悲劇が存在していたことを看過することになる。悲劇の中に再生があり、再生の中に悲劇があった事実を語ることで、戦後史ははじめて生き生きとした実像を見せることになるだろう。

それでは、これらの国際主義者たちが悲劇を経験しながらも、どのようにして戦後の日本に希望をもたらしたのか。そして大日本帝国崩壊後に、どのようにして日本を再生させたのかを、見ていくことにしたい。

第1章　崩れてゆく秩序

1　終幕を迎えた戦争

スイスに届いた電報

一九四五年八月一四日。世界は戦争の終結に向けて動き始めていた。東京の日本政府からベルンのスイス政府に向けて、暗号電報が送られていた。その事実がアメリカ政府に伝えられると、ワシントンでは戦争終結への期待が高まった。トルーマンは、この電報にはたしてどのような内容が書かれているのか、ある程度予想がついていた。日本政府からの、ポツダム宣言への返答であるに違いない。

八月六日の広島への、そして八月九日の長崎への原爆投下は、トルーマン大統領自らの想定を超える、巨大な破壊を日本の都市にもたらしていた。もはや日本は、これ以上戦争を継続することはできないはずだ。一週間ほど前、八月六日に原爆を投下したB－29爆撃機のポール・ティベッツ機長は、副操縦士のロバート・ルイスに向けて、次のように語っていた。「これで戦争は終わりだと思うよ」[1]。

トルーマン大統領はバーンズ国務長官を呼び出して、この電報がどのような性質のものであるかを確認するために、スイス政府に連絡をとることにした[2]。はたして本当に、日本政府は無条件降伏を決意したのであろうか。それまでの日本軍の抗戦の決意の固さは、あまりにも強烈な印象を残していた。

バーンズ国務長官は、このときスイスのベルンに駐在していたアメリカのハリソン公使に電話をかけて、電報の内容を確認するように指示を出した。この電報が、偽造や改変がされておらず、信用できるものであるかどうかを確認したかった。ハリソン公使は夕方に、電報が正真正銘、「日本降伏」を伝えるものであることを伝達した。あわせて、ワシントンD.C.に駐在していたスイスの代理公使もまた、同様の見解を示した。日本政府は明らかに、ポツダム宣言を受諾する意向であった[3]。トルーマン大統領もバーンズ国務長官も、いよいよ戦争が終わりの段階に到達したことを実感した。

この日の午後七時、ホワイトハウスの事務室に新聞記者が集まってきた。ヒトラーのポーランド侵略から六年、アメリカの参戦から三年半が経過していた。歴史的な瞬間を迎えることを、その場にいた多くの者が感じたことであろう。そして、どれほど多くのアメリカ国民が、この日を待ち望んでいたことか。トルーマン大統領の妻、そして主要閣僚もこの場に集まり、いよいよ大統領が歴史的な声明を発表する。トルーマン大統領は、次のように語りかけた。

「本日午後、八月十一日国務長官から日本政府に送っていた電報に対する回答を受け取った。この回答を日本の無条件降伏を規定したポツダム宣言の完全な受諾と考える。マッカーサー将軍が、日本の降伏を受諾する連合軍最高司令官に任命され、英、ソ、中の高級将校が列席する。一方、連合軍は攻撃を停止するよう命令が下った、対日勝利の日の宣言は、日本が正式降伏文書に署名するまで待たなければならない[4]」

トルーマンは、四ヵ月前にローズヴェルト大統領が急死したために、予期せぬかたちで副大統領から大統領へと昇格した。まさか自分が大統領になるなどとは、まったく考えていなかったであろう。それほどまでに、ローズヴェルト大統領の存在は圧倒的であった。

ハリー・トルーマン

ワシントンD.C.から遠く離れた、のどかなミズーリの土地に生まれ、それまで激動する世界情勢とは無縁の人生を送ってきたトルーマンが副大統領になったのも、独裁的性格を強めるローズヴェルトが対外政策をめぐって権限を独占したいという意向が働いていたからだといわれる。いずれにせよ、不慮の出来事の結果として意図せずに大統領になったトルーマンは、しかしながら強い意志と不屈の闘志、そして原理原則を守る毅然たる態度によって、大統領としての職責を見事に果たしていくことになる。のちに「冷戦の闘士」と呼ばれる所以《ゆえん》である。そのトルーマン大統領が八月一四日に受け取ったのは、待ち望んでいた日本の降伏の意向を伝えるスイスからの知らせであった。

トルーマンは、この後にホワイトハウス北側の芝生へと歩いてゆき、集まった群衆に囲まれて、祝福を受けた。トルーマンが、チャーチルがしばしばカメラの前で見せたVサインをまねると、周りの人々から歓声が上がった。それまで長く待ち焦がれていた戦争の終わりを感じた。その後トルーマンはすぐに建物の中に戻って、故郷のミズーリ州で待つ母親に電話をかけて、戦勝の喜びを伝えた。

アメリカは戦争に勝利した。日本は戦争に敗北した。戦争によってあまりにも多くの生命が失われ、あまりにも多くの犠牲がもたらされた。そこから、戦後世界は幕を開けることになる。戦争は終わったのだ。戦勝国のアメリカ合衆国大統領にとって、これからの課題は、平和を確立することであった。

巨大な帝国の崩壊

日本政府がポツダム宣言に記された降伏条件を受諾することによって、第二次世界大戦の戦闘が終結する。しかしながら、それは必ずしもそれほど単純な物語ではない。そのときの「日本」は、現在の日本とは異なる。それは、巨大な領土や植民地を擁する、アジア太平洋地域一帯を覆い尽くそうとする大日本帝国であった。したがって、帝国の諸地域では異なる時間が流れ、異なる光景が存在し、異なる記憶が刻まれた。

ポツダム宣言を受け入れたのは、北は樺太南部から、南は太平洋の委任統治領パラオまで、広

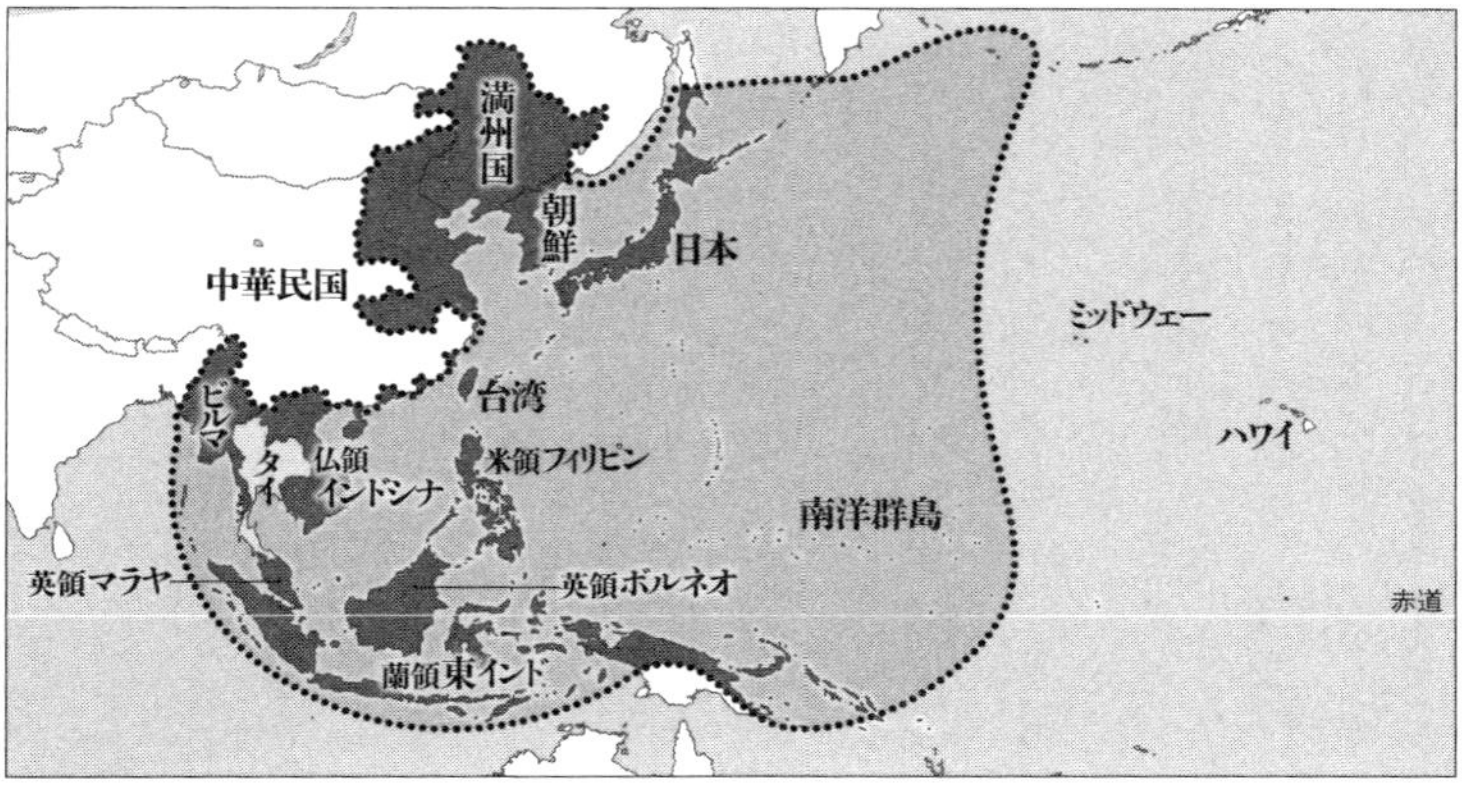

大日本帝国の勢力圏

大な領域を支配する大日本帝国であった。その勢力圏には、日本列島、朝鮮半島、台湾、満州、樺太南部（サハリン）、南洋群島などが含まれていた。したがって、日本の敗戦とは、巨大な大日本帝国の崩壊を意味していた。その巨大な帝国の崩壊は、必然的にその後の国際関係に広範囲にわたって衝撃を与えることになる。いわば、この帝国の崩壊が、その後のこの地域の新たな秩序をつくる大きな原因となったのだ。

　戦争が終わり、自らの生活と苦しみに心が奪われていた多くの日本国民は、海の向こう側で生活をしていた三二一万人にも及ぶ多数の民間人の同胞がどのような苦しみを感じていたのか、あるいはかつて日本が支配していた領土でどのような政治や紛争が勃発したのか、知る由もなかった。家族が離散し、自らも戦災を受けた多くの人々にとって、そのような国際関係の行方に関心を示す余裕はほとんどなかった。外地での居留民の生活風景や、植民地統治により生み出されていた秩序、また外地からの引揚に伴う、混乱と苦痛に満ちた物語を忘却することで、「日本」の戦後史の物語を紡いできた。

敗戦によって、日本の領土は本州を中心とした四つの島と、付属島嶼に極小化された。ポツダム宣言第八項では、「日本の主権は、本州、北海道、九州、四国およびわれわれが定めた諸島嶼に限定されることになる」と書かれている。すなわち、戦争を戦っていた大日本帝国としての「日本」と、ポツダム宣言に基づいて限定された戦後の「日本」では、その地理的範囲が大きく異なるのだ。前者から後者へと、「日本」という国家を意味する空間が縮小していき、変貌していくことで、日本国民は巨大な苦痛を味わうことになる。

われわれは、「日本」を考える際に、このようなポツダム宣言第八項に基づいた「日本」を自明とすることなく、一九四五年八月まで実在していた大日本帝国を思い浮かべることで、「空間的な束縛」から逃れて、より現実的な日本の戦後史を学ぶことができるだろう。また同時に、「終戦」というものが「八月一五日」という一瞬によって終わったのではなく、そこから長く苦しい引揚の体験を経て祖国に戻ることで、ようやく戦争の終結を実感できた人々がいたということを、われわれは理解する必要があるだろう。

終戦の多様な位相

歴史家の佐藤卓己京都大学教授によれば、「当然ながら八月一五日、どの戦域でも戦闘が停止されていたわけではない。ソビエト軍が千島作戦を開始するのはまさに八月一五日からであり、沖縄の日本軍が降伏文書に調印したのは九月七日」である。(5) 言い換えれば、日本人が経験した終戦とは、実際には一連の複数のプロセスを意味していた。

劉傑早稲田大学教授と川島真東京大学教授も、それゆえに、この地域の終戦について、「問題はより複雑」であると語り、次のように述べている。

「東アジア世界にとって、1945年8月15日の終戦とともに、新しい時代が始まったというわけではないからである。日本という『帝国』が解体され、新たな東アジアが形成されるまでには最低でも10年前後の時間を要したのであり、その過程における、終戦、敗戦／戦勝、光復、解放などのあり方もまた多様であった[6]」

海の向こうの外地では、大量の日本人居留民が引揚の準備を始め、荒波を越えて祖国へと戻ることを夢見ていた。他方で、「多民族国家」として多くの中国人や朝鮮人が居住していた内地からは、それらの人々が大陸からの引揚者とは反対方向で海を渡り、家族や親戚、友人たちが待つ祖国へと帰還していった[7]。言い換えれば、戦後日本の新生国家としての出発は、それまでの東アジアの諸民族やさまざまな土地との関係を断ち切ることによって始まったのだ。いわば、敗戦と帝国の崩壊は、戦後日本がアジアから切り離されて、孤独となる運命を暗示していた。日本人は戦後のアジアで勃発する革命や戦争に繋がる要因の種をまいておきながら、そのことには無自覚なまま、孤立主義的に殻の中に閉じこもることが運命だと考えていた。

この分野の研究を牽引してきた歴史家の加藤聖文総合研究大学院大学准教授は、次のように論じている。

「帝国の崩壊は、同時に新しい国家、新しい国際秩序の誕生をもたらした。日本人にとって帝国の崩壊の結果、朝鮮半島や台湾や満洲で起きた新国家の誕生は決して無関係ではない。現在の東アジアの国々の成り立ちに、どのようなかたちで日本が歴史的に関わっていたのか。朝鮮、台湾、満洲では、日本の敗戦は単に日本人ばかりだけではなく、さまざまな民族に深い影響を与えていった。しかし、この感覚を多くの日本人は持ってはいない(8)」

このように大日本帝国の崩壊は、意図せずして、しかしながら必然的に、新しい東アジアの国際秩序を形成する契機となる。そしてその過程は、一九四五年八月一五日に一瞬にして終わったのではなく、地域によって、民族によって、時代によって、大きく異なる軌跡を経験することになる。

同時に大日本帝国の崩壊と、外地の居留民の引揚は、アメリカによるアジアへの長期的な関与政策の重要な起源となる。歴史家の浅野豊美早稲田大学教授は、したがって、次のように論じている。

「その意味で引揚は帝国と植民地支配の終着点であると同時に、戦後の東アジア地域形成の原点でもあった。さらに、引揚は、アメリカのアジアへの全面的関与の幕開けでもあった(9)」

その過程を丁寧に追い、適切に理解することで、われわれは戦後史の始まりをより広い視野で論じることができるようになるはずだ。

崩れ落ちる正義

日本の敗戦は、アメリカとの戦闘に敗れ、領土が失われたことを意味するだけではない。それは、それまで日本国民が信じていた正義までをも喪失することを意味した。戦争に敗れることは、領土や法的地位ばかりではなく、その国家が掲げていた正義まで失われてしまうことを意味するのだ。失われた正義の回復のためには、多くの場合、新しい戦争の始まりを必要とする。日本が戦後、平和国家としての道のりを歩む決意をしたことは、それまでの正義が失われるという運命を、苦渋の中で自ら選択したことを意味するのだ。

日本にとってそれは、無残な敗北であった。正義を信じ、勝利を希求した国民にとって、その現実を受け止めることは容易ではなかった。多くの者が、自らの歴史的使命を感じ、そして国家の運命を担って、戦争を戦っていた。彼らの多くが、正義が自らの側にあると確信していた。その正義と使命が失われたことで、人々は精神的な虚無感を抱いたことであろう。敗戦によってアジア太平洋地域に巨大な「力の真空」が生まれただけではない。日本国民のあいだに「精神の真空」も生まれたのだ。したがって日本国民にとって、敗戦を乗り越えるための新しい精神もまた必要であった。

他方で敗戦によって、多くの人々は待ち焦がれた平和を手に入れることができた。生きて家族のもとに戻ることができる。学生たちは大学に戻り、女性たちは夫や恋人の帰還に歓喜し、家族が一緒の時間を楽しむことができるようになる。敗戦は多くの者にとって精神的な虚脱感ばかりでなく、生きて家族に会える喜びをもたらすことになるのだ。

しかし、愛する者を失い、悲しみに暮れ、人生の希望を感じられなくなる者も少なくなかった。明日を信じて希望を抱くことは、多くの人にとっては苦痛を伴うものであったのだ。悲しみと希望は、決して異なる場所に存在するのではない。悲しみの中に希望があり、希望の中に悲しみがあったのだ。

希望と悲しみを同時に抱きながら、人々は新しい時代を生きていかなければならなかった。これから待ち受ける試練が、どのようなものなのかまったく分からない。日本がこれからの国際社会で、いかなる地位を与えられることになるのかも分からない。自分自身が敗戦で生き残ったということだけが、そして戦後の世界で自分が生活をしていかなければならないということだけが、確かなことであった。

世界に目を向けると、悲しみに暮れる暇もなく、政治は続き、外交は動いていた。そして、かつての国境は大きく書き換えられ、国土を示す地図はその色が塗り替えられようとしていた。戦争の終結、そしてその後の戦後処理は、多くの場合に国境線が書き換えられることを意味する。どのように国境線を書き換えるかをめぐり各国が熾烈な交渉を展開して、それぞれの利益が衝突する。日本国民にとっては、それまでの巨大な「大日本帝国」が、極小化した「日本国」へと変容する。その二つの間には、連続性と断絶性のいずれもが存在している。

それは、大日本帝国が支配したアジアの多くの土地においても、同様であった。戦争とともに自らの住む土地を支配する為政者が代わり、終戦とともにまた新たな政治体制が浮上する。目まぐるしく変わる政治の現実を追いかけるのは、多くの場合に困難であった。そもそも人々はその前にまず自らが住む家を確保し、子供たちに与える食料を探し求め、戦後の世界で新しい職を見つけなければならなかった。戦後の復興とは、そこに住む一人ひとりにとっては生きるための過酷な闘いであった。そしてその過酷さは、どこに住むかによって、そしてどのような政治体制の下にあるかによって、大きな影響を受けることになるのであった。

2 大日本帝国の崩壊

帝国の崩壊とその後

一九四五年八月一四日の御前会議で、天皇自らポツダム宣言の受諾を決断した。この日の午後に終戦の詔書が閣議決定され、その翌日に天皇の肉声で放送を流すために、この日の夜になって、皇居で昭和天皇による詔書朗読が日本放送協会によってレコードに録音された(10)。

終戦の詔書を読む昭和天皇

日本がポツダム宣言を受諾することで、戦争は終結し、大日本帝国は崩壊する。しかしながら、戦争の終結も、帝国の崩壊も、すでに見てきたように一筋縄ではいかないし、一日ですべてが変わったわけではなかった。異なる場所で異なる光景が見られ、そして異なる時間の流れ方が見られた。とりわけ難しかったのは、帝国の崩壊が連合国内部における対立や亀裂と連動していたことであった。のちにそれは、東アジア冷戦となって姿を現すことになる。

連合国が勝利を収め、大日本帝国が崩壊していく過程において、四つの大国がそれに対して深く関与していた。それは、アメリカ、イギリス、中国、そしてソ連である。カイロ宣言やポツダム宣言が明確に規定していることは、「日本の主権は、本州、北海道、九州、四国およびわれわれが定めた諸島嶼に限定される」ことである。

他方で、それ以外の領土や植民地、すなわち、朝鮮半島、満州、台湾、南洋群島などが、その後どのような運命をたどるのか、そしてどの国がこれらの領土を領有するのか、あるいはどのようなかたちで独立国家になるのかについては、ポツダム宣言自体には規定されていない。それは、その後のパワー・ポリティクスや外交協議によって決定されることになるだろう。

戦争がどのように終わったかによって、そして終戦の際にいかなる国籍の兵力がその地域で支配的な地位にあったかによって、戦後秩序は大きく異なっている。朝鮮半島の場合は、終戦時にその多くの土地が依然として日本の統治下にあったために、新しい統治者を迎える必要があった。朝鮮半島が北緯三八度線で分断されて、南朝鮮をアメリカが占領統治をし、北朝鮮をソ連が占領統治をする際には、それぞれにおいて占領政策が異なっていった。そして、大日本帝国では帝国内のそれぞれの地域において、内地への日本人の引揚に対する方針と現実は大きく異なっていく。

さらには、そもそもポツダム宣言の発表には携わっていなかったソ連が対日参戦したことによって、満州にソ連軍が侵攻し広大な土地を占領した。ソ連の占領下に置かれた満州の在留日本人の引揚は、米ソ対立の深刻化によってさらに複雑なものになっていった。それぞれの地域で、異なる大国が影響力を行使しており、それによって大日本帝国の崩壊やそれに基づく引揚・復員も、大きく異なる様相を見せることになる。

アジア太平洋で広大な領域を支配する大日本帝国において、それぞれの場所で、異なる政治力学が働いていた。他方で、同時にそれぞれの動きが相互に連関し、さらには連合国間のパワー・ポリティクスとも連鎖していた。それらひとつひとつが、戦後の日本の歩みと結びついている。それゆえここでは、大日本帝国が崩壊する過程の中で、いったいどのような政治力学が見られ、そしてそれがいったいどのように戦後の日本、さらには戦後の国際秩序へと繋がっていくのかを見ていくことにしたい。

日ソ開戦へ

原爆投下とともに、日本をポツダム宣言受諾へと追い込む大きな要因となったのが、ソ連の対日参戦であった。ポツダム宣言の署名国ではないソ連が、大規模な兵力で対日参戦を決行したこと、さらにはポツダム宣言受諾通告後に大本営が武装解除命令を発令したにも拘わらず、抵抗できない日本人に向けてソ連軍が武力行使を続けたことは、大きな衝撃を与えた。

一九四五年八月九日午前零時。巨大なソ連軍がソ満国境を越えて満州国へとなだれ込んできた。(11)日ソ開戦である。前日の八月八日に、ソ連のモロトフ外務人民委員（外相）から佐藤尚武駐ソ大使に対して、対日宣戦布告が伝えられていた。その宣言文では、日本政府がポツダム宣言を拒否したことで、日本政府のソ連に対する調停提案はその基礎を失ったために、ソ連もまたポツダム宣言に参加したと述べられている。さらには、ソ連自らが参戦をした理由として、日本人をこれ以上の「犠牲と苦難」から救うための唯一の手段であるからだと書かれていた(12)。なお、ソ連政府の対日開戦理由には、日ソ中立条約のことはまったく触れられていなかった。

八月一五日朝、アメリカのマッカーサー元帥は太平洋に展開する全米軍に対して、戦闘行動停止を命じた。ところが、ソ連はこの日以降も戦闘を続けていた。ソ連のアントノフ参謀総長は、日本の降伏申し入れは単なる一般的宣言に過ぎず、日本軍は抵抗を続けており停戦命令は発出していないと述べて、攻撃続行を命令した(13)。実際、日本の大本営が自衛措置を除いた「即時戦闘行動停止」を発令したのが一六日午後であったため、それはある程度事実であった(14)。しかしながら、八月一七日以降も、ソ連軍の攻撃が止む見通しはなかった。そして、ソ連軍は占領地域を次々と拡大していった。

ソ連軍のワシレフスキー総司令官は、八月一五日に第二極東軍と太平洋艦隊に対して、南樺太の真岡上陸と千島列島北部の占領を命じた。ヤルタ協定では、ソ連参戦の引き替えとしてアメリカ政府がソ連による千島領有を認めているが、そこでは「千島」の範囲は示されていなかった。

さらに八月一六日には、ソ連の指導者スターリンが、ソ連による全千島列島の領有と、北海道北半分の占領を求める書簡を、アメリカのトルーマンに送っている。その理由として、シベリア出兵によって領土の一部が日本に占領された記憶からも、日本本土の一部をソ連が占領しなければ「ロシアの世論は大きな屈辱を感ずるであろう」と書かれている(15)。

八月一八日のトルーマン大統領の返答の書簡では、千島列島全部をソ連が領有すべき地域に含めることには同意しながらも、北海道北半分の占領は明確に拒絶した。その後、九月一日にソ連軍は国後島と色丹島にも上陸して、さらには降伏文書調印後の九月五日に歯舞諸島をも占領した。歯舞諸島占領は当初の計画に含まれていなかったが、無線通信の不良のために「準備命令」を「実施命令」と誤解した結果、ソ連の占領地域に含まれてしまったのだ。[16] 歴史家の波多野澄雄筑波大学名誉教授は、「戦後の日ソ関係の展開という観点からすれば、むしろ八月一五日以降も続いた『日ソ戦争』が大きな意味をもった」と論じている。[17] 適切な指摘というべきだろう。

ソ連軍の対日参戦準備

そもそもなぜソ連政府は、対日参戦をこの時期に行ったのか。そして、なぜそれまでは対日参戦を行わなかったのか。

対日参戦に至るまでソ連政府の指導者たちは、きわめて戦略的に戦争指導を進めていた。ナチス・ドイツの強大な軍事攻撃に対処するためには、可能な限り二正面作戦を回避する必要があり、その限りにおいて一九四一年四月に締結された日ソ中立条約は有益であった。ソ連は、自国軍の兵力を東西に二分することを避けたかったのだ。

ところが、一九四三年にスターリングラードの戦いでソ連軍が勝利を収め、一九四四年にドイツ軍の敗北が濃厚となると、それまでの方針を転換して、アジアにおける勢力圏拡張の必要を考えるようになる。日ソ中立条約を堅持することよりも、むしろ連合国のなかで戦勝に貢献した主要な大国として、極東における自らの権益を拡大して領土を膨張させることを優先するようになったのだ。そして、そのようなソ連政府の意向を、英米両国政府共に支持する見通しであった。

この背景について、日ソ関係史に詳しいアンドレイ・クラフツェヴィチ法政大学教授は、次のように説明する。

「ソ日両国は、当然ながら自国の利害に立脚して中立条約を締結し、中立条約が両国にとって有益である限り、中立条約から発する義務を堅持するつもりであった。しかしながら一九四一年から一九四三年春までの初期段階において、日本が原則として、好機があれば中立条約を破棄しようとしていたときに、客観的に見て中立条約の堅持により関心を示していたのはソ連であった。これに対し次の段階では、日本にとって中立条約の堅持は、より有益なものとなっていた。だからこそ、日本は終戦まで中立条約を堅持した。ソ連は実際に、太平洋戦争の開戦当初から、対日戦ができる状況になれば参戦するという展望に立っていた。そしてソ連は、一九四五年八月に対日参戦を実行したのである[18]」

結局のところ、日ソ両国政府ともに、日ソ中立条約を遵守する道義的な制約は感じておらず、あくまでもそれを戦略的な利益に照らして利用する姿勢であった。一九四四年八月一六日、指導者スターリンと、モロトフ外相、スターリンの側近の共産党中央委員会書記のジダーノフ、労農赤軍政治総本部長シチェルバコフ、さらには駐日大使のマリクが集まって会合を開き、対日参戦の最終的な決定を行った[19]。同年一一月の一〇月革命二七周年記念集会ではスターリンが日本を「侵略者」と呼び、翌年の一九四五年四月にソ連政府が日ソ中立条約の一方的な破棄の宣言を行ってからは、より一層ソ連軍の対日参戦の可能性は高まった[20]。

六月に入ると、ソ連軍の対日参戦の可能性を回避するためにも、広田弘毅元首相がマリク大使を数度にわたって訪問して、日ソの協力のための、ソ連側への譲歩案としていくつかの提案を行った。そこには、満州国の中立化や、石油の供給と引き替えにした漁業権の放棄、さらにそれに加えてソ連側の希望を討議する用意がある意向を伝えた(21)。しかしながら、ソ連政府はそれに乗じることなく、四ヵ月前のヤルタ会談で英米両国との間で合意した密約を優先することにした。すでにソ連政府内では、六月三日付決定に基づいて、西部戦線から東部戦線へと六七〇個部隊を移送することが決まっていた。着々と戦争準備が進められていたのだ(22)。

新京の動揺

終戦を間近に控えた時期の満州国の国境近くでは、ソ連軍が対日参戦を行うための準備を進めており、満州国の首都である新京（現在の長春）の満州国政府および関東軍はその日の到来に不安を募らせていた。すでにソ連は対独終戦を迎えており、ヨーロッパの東部戦線でナチス・ドイツとの激しい戦闘に勝利を収めた赤軍の精鋭部隊を、満ソ国境地帯へ配備していた。

このときのソ連軍の兵力は、兵員約一七四万人、火砲約三万門、戦車約五三〇〇輛、航空機約五二〇〇機を誇っていた(23)。対する満州国の関東軍は、兵員約七〇万人、火砲約一〇〇〇門、戦車約二〇〇輛、航空機約二〇〇機と、まったく抗戦できる水準に達していなかった。

満州に居留していた多くの大日本帝国臣民はその実情を知ることなく、関東軍の強大さを疑わずに、漠然と自らの安全を信じていた。屈強な関東軍に守られていれば、自らの生命と財産が損なわれることはないと考えていたのだ。しかし関東軍の精鋭部隊はすでに、マッカーサー司令官が指揮する連合国の南太平洋方面軍と戦うために南洋群島などの南方戦線に送られており、強大なソ連軍から満州国を防衛する余力はすでになかった。ソ連軍の圧倒的な兵力と装備を前にして、関東軍にはもはや満州国に住む日本人同胞を守る余力は残されていなかったのだ。満州国の防衛網はあまりにも脆弱であって、日ソ中立条約という空虚な約束に自らの運命を委ねるほかなかった。

そもそも日ソ開戦を迎えた八月九日は、関東軍総司令官山田乙三は、関東州義勇奉公隊本部の結成式のために大連に出張中で、新京の関東軍総司令部を不在にしていた[24]。あまりにも危機感が欠落していたというべきだろう。関東軍は最高責任者を欠いた状況で、怒濤のように攻め入るソ連軍に対峙せねばならなかったのだ。劣勢を悟った関東軍は、朝鮮半島に近い小規模都市の通化へと総司令部を移動させる方針を決定した。他方で、総司令部避難の計画を関東軍から事前に知らされていなかった満州国政府内部は、混乱を極めた。

東部要塞での関東軍の懸命な死闘の結果、八月一五日までにソ連軍が新京に到達することはなかった。その結果、八月一五日には首都攻防戦が近づく緊張した空気の中で、国務院総務長官室では、満州国政府の実質的な最高責任者の武部六蔵満州国総務長官をはじめとする満州国政府幹部が集まって、玉音放送を聴いた。

一方、通化に総司令部を移していた関東軍の幕僚たちは、一五日に重大放送が行われるとの情報を入手して、終戦を確信した。それもあって、新京の元の総司令部の建物に、山田総司令官をはじめとする関東軍幕僚は戻り、そのなかで玉音放送を聴くことになった。このときにはまだ、関東軍はソ連軍との戦闘を継続していた。翌日の一六日になってようやく大本営から即時停戦命令が出されて、関東軍総司令部はソ連軍との間で停戦交渉をはじめるようになる。

新京にあった関東軍総司令部

新京では、ソ連軍の侵攻が始まると、安全を確保するためにも、数日中に日本人居留民を避難させる計画が考慮されていた。だが、敗戦が決まった今、もはやそのような時間的な余裕はない。いち早くソ連軍侵攻の情報を入手していた関東軍の家族が先に避難を開始して、次には満鉄社員の家族が避難を始めた。移動手段が限られていたことからも、民間人家族が取り残されるという結果になってしまった[25]。取り残された民間人は、のちにソ連軍の攻撃と侵略を受けて、その多くがシベリア抑留や、引揚途上の病死など、悲惨な経験をすることになる。ソ連軍には、残留日本人を手当てする医療品や食料などは十分に備わっておらず、また略奪や強姦などの規律の乱れが大きな問題となる。

満州国に居住する少年

このとき、奉天（現在の瀋陽）に在住して国民学校に通っていた一一歳の少年は、終戦直後の満州国の様子を次のように描写している。

「強く印象に残っているのは、満洲国政府および日本の支配がなくなった途端に、文字通りの無政府状態が生まれたということです。私はどの政治学者よりも、無政府状態がいかに怖ろしいかを知っています。そしてどんなに悪い政府でも、無政府状態よりはましだという信念の持ち主です[26]」

この少年の記憶によれば、奉天を占領したソ連軍兵士は、「血に飢えた狼」であった。そして、「ソ連軍は満洲の工業施設を一切合財ひっぺがして、鉄道に乗せて持ち帰りました。そのあとにわずかな期間ですが、共産党軍（八路軍）が入ってきます[27]」。

この少年とは、劇作家であり、戦後日本を代表する知識人でもある山崎正和大阪大学名誉教授である。京都で生まれた山崎は、満洲医科大学教授となった父親に連れられて、一九三九年一二月に家族とともに満州国奉天市に移り住む。このとき山崎少年は五歳であった。翌年四月には、奉天市立千代田尋常小学校に入学する。山崎によれば、この頃の奉天にも「ある種の豊かな日本が残っていました」という。また、「日本の近代史の一つの頂点は昭和十二（一九三七）年だったという気がします。大衆化、都市化が第一期の頂点に達した年です」とも語る[28]。

山崎少年が国民学校に通うなかで、日本の真珠湾攻撃が始まった。そして、満州国奉天市は、ソ連軍に対峙する前線としての役目を果たすことで、一定の緊張感に包まれていた。山崎は次のように回顧する。「満洲は日本の後背地ではなくて、むしろ前線だという意識は、満洲の日本人の間で広く共有されていました。しかし関東軍はともかく、日本の軍部のトップは、おそらく満洲は後背地だと認識していたのではないでしょうか。つまり南進論を採り、ソ連とは開戦しないと決めたときに、ソ連に対する意識は稀薄になったと思います。終戦の交渉の斡旋を期待したくらいですから、よほど能天気です[29]」。

他方で、満州に生活する在留日本人は、つねにソ連軍の襲撃の恐怖を感じながら、生活を送っていた。山崎は当時の様子を次のように語る。「この時期になると、授業は午前中しかなくて、午後になると穴掘りです。防空壕を掘る。しばらくしたら、私の千代田小学校全体を関東軍が使うことになりました。私たちは追い出されたわけです[30]」。

そして、八月一五日の終戦を経て、満州で生活する在留日本人の運命が翻弄されるようになる。

皇帝溥儀の逃避行

満州に在住し、身の危険が迫っていたのは、在満日本人のみではなかった。その頂点に君臨していた皇帝溥儀《ふぎ》もまた同様であった。

溥儀

満州国皇帝溥儀は、新京の安全が確保できないことを察し、避難勧告を受け入れて、八月一二日には新京を離れて列車で朝鮮国境に近い臨江へ向かっていた。さらに朝鮮国境に近い大栗子へと移動することになった。そのときのことを、溥儀は次のように回顧する。「通化《トンホワ》を経て大栗子溝《ターリーツーコウ》に通ずる鉄道を、汽車は二日三晩走った。本来なら瀋陽《シエンヤン》を通って行くはずなのだが、空襲を避けるため、吉林《チーリン》―梅河口《メイホーコウ》の線に変えたのである。二日間に飯を二度とビスケットを少し食べただけだった。沿道にはいたるところに日本の軍用車がいたが、もう部隊とも難民ともつかぬものだった。梅河口で汽車がとまり、関東軍司令官山田が乗ってきた。彼は日本軍が勝って多数のソ連軍飛行機と戦車を撃破した、と私に報告した。しかし吉林駅で、私は正反対の光景を見た。群をなした日本の婦人と子どもが泣き叫びながら汽車に向かって押しよせ、彼女たちを阻止する憲兵に哀願し、泣いている」(31)。満州国と大日本帝国の崩壊が招いた混沌であった。

溥儀と同行していた、その弟溥傑《ふけつ》の妻、愛新覚羅《あいしんかくら》浩《ひろ》(旧姓、嵯峨浩)は、新京から大栗子へと移動するときの様子を次のように回想している。ちなみに浩は、嵯峨侯爵家の長女として生まれ、一九三七年に愛新覚羅溥傑に嫁いでそれ以後満州国に在住していた。

「軍に見捨てられた下級職員の家族や一般邦人の家族は、大きな荷物を背負い、また両手にぶらさげ、炎暑のなかを新京駅へ、新京駅へと殺到しました。ところが、軍の移動に徴用されてしまったため、駅にはもう列車がほとんど残っていません」。そして、駅の周辺には暴徒が溢れていた。「すでに裏町では暴民の掠奪がはじまっていました。行くも戻るもできなくなった邦人は、高いお金で荷車を買い、家財道具を積み上げて南へ避難しはじめたのです(32)」。

浩の心を傷つけたのは、取り残された在留民たちの関東軍や満州国政府への、嘲笑や非難であった。そこでは、「さすがは関東軍の精鋭だ。負けるのも早いが、逃げ足も早い」という声や、「百万の関東軍あり、安んぜよ、といったのはだれだ。供出だ、徴用だ、と協力させておきながら、このざまはなんだ」と厳しい声が溢れていた。さらには、「武器もない市民や罪もない女子供を捨てて、逃げる気か。それでも軍人か」と、駅で列車に乗り込む浩たちに対して、関東軍の軍人家族と誤解されて、囂々《ごうごう》たる非難が浴びせられた[33]。

溥儀、溥傑、浩らは、遷都先の大栗子で天皇の玉音放送を聴くことになった。それが天皇の声であることが確認されると、三人には衝撃が走った。浩は次のように記憶する。「皇帝と夫が、手を取り合ったまま、声もなくお互いの瞳をのぞき込んでいるのです。二人の目は涙で光っていました」。そして、皇帝溥儀は集まってきた妹たちや浩の手を堅く握り、次のように語った。「皆で力を合わせて、苦しみに耐えていくのだ。日本の天皇はさぞお辛かったろう。それにくらべれば……」

一六日の夜には、張総理が議長席に就いて、各参議や、吉岡御用掛らとともに会議が行われ、満州国の解体と皇帝の退位がはかられた。結論はなかなかでなかったが、八月一八日午前一時に、その決定がなされた[34]。

溥傑と浩

満州国の消滅

これによって満州国皇帝溥儀は退位して、満州国はここに消滅する。

「退位詔書」を読み上げるその瞬間のことを、「私は家を失った犬のような大臣・参議たちの前に立って、原稿のままに一度読みあげた」と、溥儀は回顧している[35]。その日、溥儀は日本に亡命するために京都へと飛行機を利用して向かおうとしたところ、奉天飛行場でソ連軍に拘束されてハバロフスクの収容所へと連行されることになった。その後、一九五九年一二月に特赦されるまで、溥儀は一四年半にわたる長い抑留生活を送ることになる。[36] その様子は、のちにアカデミー賞を受賞したベルナルド・ベルトリッチ監督の映画作品「ラストエンペラー」で広く知られることとなる。

八月一八日の満州国の消滅後、八月二〇日にソ連のカヴァリョフ大将率いる部隊が新京に入ると、それによって、満鉄本社の屋上に翻っていた満鉄社旗が降納されることになる。そして九月五日には関東軍が武装解除されて山田乙三総司令官がソ連軍によって拘留されると、満州にとどまっていた一五〇万人にも上る日本人を保護する組織体が不在となってしまった。

また、山田総司令官以下の関東軍幕僚も拘留され、さらに駐満大使館の実質的な責任者であった上村伸一公使以下の職員もまた拘留されたため、東京と連絡を取ることのできる外交機関の機能が麻痺してしまった。[37] 関東軍はもはや存在せず、大使館員も拘留され、在満日本人の生命と安全を守る組織はなくなってしまったのだ。

いわば、それらの人々は大陸の奥地で「見捨てられた民」となってしまった。満鉄自体もその後の移管が決定されると、そこにいた日本人たちは何にすがって良いのか分からなくなった。あれほどまでに屈強で、無敵を誇っていた関東軍の姿はそこにはなかった。関東軍の将校の大半がすでにソ連軍に拘留されており、またその家族は一足先に日本へ向けて旅立ってしまった。

最後の満鉄総裁であった山﨑元幹は、「日本官憲ノ無能、無力、無施策振リヲ悪罵」と記して、その怒りを噴出させていた[38]。それまで満鉄は、関東軍の横暴に振り回されて、軍事的な要請に盲目的に従わざるを得なかった。その横柄さと横暴さに辟易していた多くの民間の日本人も、ソ連軍侵攻後の関東軍の無力さに唖然とした。

高碕達之助の戦中と戦後

一九四五年八月九日にソ連軍の対日参戦の報せを受けたときに、満州重工業開発（満業）総裁であった高碕達之助は新京で普段通りに勤務をしていた。そして、従業員を守るためにも市街戦回避のための方策を模索していた。

経済人である高碕達之助は、戦時中と戦後の時代において、日本と中国とを橋渡しする上で重要な役割を担うことになる。それは偶然と、いくつかの出会いに基づくものであった。大日本帝国と大東亜共栄圏は、意図せずしてアジア太平洋の広域において人と人の出会いを創っていた。そこには冷たく残酷な出会いもあれば、心の通ったあたたかな出会いもあった。高碕の場合は、後者の例に恵まれて、困難な時代の日本と中国との関係が円滑に発展できるよう、経済領域から多大な貢献をなしたのである。

高碕達之助

高碕は、水産講習所（現在の東京海洋大学）の製造科を卒業してから、東洋製罐を経営していたが、満業総裁の鮎川義介の強い誘いを受けて満州の大地にやってきた。一九三九年五月のことだった。第二次世界大戦が勃発する四ヵ月ほど前のことであり、また関東軍とソ連軍の間でノモンハン戦争が勃発する時期と重なっていた。[39]とはいえ、満州国の首都である新京は、静謐を保っている様相であった。

その後高碕は、鮎川からの強い依頼で満業の傘下にある満洲飛行機製造の理事長に就任した。これはあくまでも形式的な役職に過ぎず、高碕は日本へと帰国することになるが、今度は一九四一年二月に満業副総裁に就任。合理主義的な精神で経営を行っていた高碕は、一九四二年には鮎川から総裁の地位を継ぐことになった。高碕は、不安定な国際情勢の中で、満業の従業員の安全や、さらには広く在満日本人の将来を懸念していた。[40]

一九四五年に入ると、いよいよ日本の敗色が濃厚になり、極度の緊張と疲労が蓄積するなかで、ソ連軍侵攻後の八月一三日に高碕は嗜眠性脳炎となって意識不明となってしまう。その後、一七日に昏睡状態から回復したものの、その翌日には満州国は消滅する運命となっていた。満州国がなくなっても、高碕は在満日本人の安全を確保する責任を感じていた。すでに関東軍の幕僚たちは即時停戦を宣言しており、他方でソ連軍は在満日本人に対する対処方針を示していなかった。八月二八日には、高碕満業総裁、武部元満州国総務長官、山﨑満鉄総裁らが集まって、日本人救済総会を結成して、高碕がその会長を引き受けることになった。その主要な任務は、避難民の救済や、在留民の生活支援をめぐって、ソ連軍当局と交渉することであった。[41]

一九四六年四月以降に在満日本人の引揚が開始され、高碕は瀋陽に設置された東北日僑善後連絡総処の主任となった。高碕はその後、在満日本人の引揚をめぐって中華民国政府と交渉を行うと同時に、さらには東北産業復興に協力することとなる。[42] このときの経験が、高碕が戦後の日中関係の橋渡しをする重要な任務を行う上で、強固な基礎となるのであった。高碕において、戦中の経験と戦後の経験は連続していたのである。

高碕がそのような任務に使命感を感じていたのは、政治的イデオロギーや、正義感からではなかった。あくまでも、その時代の必要に応じて、過酷な状況に合理的に対処しようとする中で、自らそのような責任を担っていたのだ。そのことについて、歴史家の加藤聖文は次のように語る。「戦後に高碕が対共産圏貿易に活躍できたのは、満洲での経験というよりも経済人としての実績からであって、政治的評価に踏み込まずに経済的合理主義に徹した姿勢が対中関係の橋渡し役として適任であったといえる[43]」。

多くの日本人が、自らの理想やイデオロギーを実現するために中国大陸に渡り、満州国で夢を見た。そのほとんどの夢は破れ、挫折に終わってしまった。他方で、経済合理性から中国に関わり、現実的必要性に迫られて日本と中国の橋渡しをした高碕のような経済人が、むしろ戦後日中関係を構築する上で巨大な足跡を残す結果となった。なんと皮肉なことであろう。

朝鮮半島における敗戦

朝鮮半島における戦争終結は、実に奇妙な空気の中で迎えることになった。というのも、朝鮮半島は日本の支配下にあり、日本とは交戦状態になっておらず、さらには北緯三八度線を境界線としてその南北で、大きく異なる運命をたどることになるからだ。

連合国の間ではじめて朝鮮半島の戦後について明確な方針を示したのが、一九四三年一一月二七日のカイロ宣言であった。そこでは、イギリス、アメリカ、中国の「三大国は朝鮮の人民の奴隷状態に留意しやがて朝鮮を自由且独立のものたらしむるの決意を有す」と記されている。(44)

カイロ会談は、イギリスのチャーチル首相、アメリカのローズヴェルト大統領、そして中華民国の蔣介石元帥の三名がエジプトのカイロに集まり、ピラミッドのすぐ横にあるメナハウス・ホテルで行われた戦時中の首脳会談である。そこで連合国の首脳の間で、戦後アジアの秩序に関する意見交換が行われた。それは、この三人の首脳が集まるはじめての機会であると同時に、第二次世界大戦中の連合国首脳間で、はじめて具体的な戦後アジア構想を協議する機会でもあった。

日本が領有していた朝鮮半島の将来について、ソ連、中国、そしてアメリカは強い関心を有していた。そして、最終的には、朝鮮半島を北緯三八度線に沿って南北に分割して、朝鮮半島北部をソ連が、南部をアメリカが占領する方式が採用されることになる。したがって、八月九日にソ連軍が対日参戦をした際には、あくまでもソ連軍は満州侵攻作戦に必要な範囲において朝鮮半島北部を攻撃するにとどまっており、京城（現在のソウル）を攻撃して、占領する意図はもっていなかった。(45)

「民族自決」の論理に基づくならば、日本が朝鮮半島統治を終結したあとにはカイロ宣言に則って、朝鮮民族自らによる統治がなされるべきであった。当初は朝鮮総督府の政務総監であった遠藤柳作もまた、そのような意向を持っていた。そのように円滑に権力を委譲することで、朝鮮半島の新政府との間で協力関係を構築して、日本人の祖国への引揚を実行しようと考えていたのである。このとき朝鮮半島には、七〇万人ほどの日本人が在留しており、それらの人々の生命と財産をどのように守るかが、朝鮮総督府にとっての優先事項であった。朝鮮総督府の統治者たちは、終戦後には呂運亨をはじめとする活動家にそのまま行政機構を移管することで、秩序を維持することができると見込んでいた。呂は、そのような遠藤政務総監の意向を受けて、京城に「朝鮮建国準備委員会」を結成し、自らが委員長に就いた(46)。

朝鮮総督府

そのような動きが見られるなかで、八月一五日の玉音放送を迎えた。京城放送局を通じて、天皇の玉音放送が流されて、新聞やビラなどによってそれが朝鮮半島全体に拡がっていった(47)。しかし、この朝鮮半島がその後にどのような運命をたどることになるのか、あまりにも不透明であった。

朝鮮半島北部では依然として、ソ連軍が軍事作戦を展開していた。他方で、朝鮮半島南部では激しい戦闘は行われておらず、日本統治下の第一七方面軍（朝鮮軍）が一定程度、秩序維持のために機能していた(48)。人々は、朝鮮半島が日本の統治から解放されたことを感じながらも、他方で依然として米軍が到着しておらず、日本人が統治を続けている事実を無視することはできなかった。八月一五日の京城は、不気味な静けさに包まれていたという。

その後、日本人の統治の正統性が失われると、次第に殺傷事件の数が増えていく。また、朝鮮半島内部でも、多様な政治勢力や活動家が内部対立を激化させて、朝鮮建国準備委員会は機能不全を起こす。朝鮮半島にも、不安と希望が交錯する戦後の時代が訪れたのだ。

米軍統治の開幕

九月八日、在朝鮮米陸軍司令官となったホッジ中将が朝鮮半島にやってきた。いよいよ、日本の朝鮮軍に代わって、米軍が朝鮮半島南部を支配することになる。その前日の九月七日には、陸軍元帥ダグラス・マッカーサーが次のような布告第一号を発表していた。

「米国太平洋方面陸軍総司令官として、本官はここに以下のように布告する。日本天皇および日本政府の命令により、また日本帝国大本営の命令により、代理署名された降伏文書の条項によって、本官の指揮下にある勝利に輝く軍隊は、本日北緯三八度線以南の朝鮮の領土を占領する」[49]

これは、新しい支配者の到来を意味していた。本来は、民族自決の理念のもとで、独立国家を誕生させることを希望していた朝鮮半島の民族主義者たちは、その期待とは異なる現実に直面する。アメリカ政府、とりわけマッカーサー元帥は、そもそも朝鮮半島の人々の統治能力を信用していなかったのだ。呂運亨らが結成した朝鮮建国準備委員会の権限は、ここに明確に否認されることになった。韓国現代史が専門の木村幹神戸大学教授の言葉を借りるならば、それは「朝鮮半島を『日本の植民地』から、『アメリカとソ連の占領地』に変えただけだった」のだ。[50]

一九四五年九月九日、朝鮮半島の京城で、朝鮮総督阿部信行と米軍との間で降伏文書が交わされた[51]。北緯三八度線を境界として、その北部と南部で異なる運命が与えられる。その南部に住む日本人居留民は、米軍による占領下で一定の治安と秩序が与えられ、また米軍の協力によって順次日本本土へと引き揚げることが可能となった。それは幸運なことであった。

日本人の朝鮮半島からの引揚と、朝鮮人の引揚は同じような時期に行われており、東アジアで巨大な人の移動が見られた。また、日中戦争前後から急激に中国の華北や満州に朝鮮人が流入しており、華北には一〇万人ほど、満州には二〇〇万人ほどが在住していた。それらの人々のうちで、一九四六年三月二日の時点で、五四万八〇〇〇人ほどが南朝鮮に引き揚げてきた[52]。華北や満州からの引揚は天津南部の港や塘沽の港から海路で移動する場合と、陸路で南朝鮮に流入する場合とがあった。また、朝鮮人引揚者のなかには、日本内地から引き揚げた九五万人ほどの人々もいた。大量の引揚者により住宅事情が悪化して、多くの人はテントなどの仮住居に滞在しなければならなかった。

呂運亨

満州から北朝鮮へ、さらには北朝鮮から南朝鮮、そして南朝鮮から日本列島へと南下をして引き揚げてゆく日本人居留者も大量に発生した。一九四六年三月の時点で、一七万八〇〇〇人の軍人と、四八万六〇〇〇人の民間人が南朝鮮の釜山港から日本へ向けて引き揚げていた。これらの人の移動は、国民を単位とする国民国家が形成され発展していく上で、大きな意味を持つようになる。大日本帝国が崩壊して、この地域では国民国家に基づいた新しい地域秩序が創られようとしていた。

南朝鮮にいた日本人の多くは、引揚により祖国に戻るまでの間は、現地で結成された「世話会」の支援を得ることになった。そして順次、釜山港から引揚船に乗って、日本海の荒波を乗り越えて日本に帰還していった。アメリカ政府の保護と協力によって、日本人の引揚が比較的円滑に進めることができたのだ。「京城日本人世話会」のような「世話会」の組織の支援を受けて、一九四六年五月までに多くの日本人居留者が福岡の博多港や、長崎の佐世保港、そして山口の仙崎港の埠頭に到着した。彼らはようやく内地の大地を踏みしめることができたのだ(53)。

他方で、満州から南下する日本人には、異なる運命が待っていた。新京を列車で離れた日本人の中には、新京の南方にある通化駅周辺にいったんは集まりながらも、その後日本に戻れなくなってしまった者も数多くいた。朝鮮半島が南北に分断されて、北朝鮮がソ連占領下にあったために、米軍占領下の南朝鮮のような自由な人の移動が保証されていなかったからだ。アジア大陸にとどまらざるをえなくなった彼らには、苦難の日々が待っていた。旧満州にいた成人日本人男性の多くが、シベリアに抑留されて労働力として酷使される運命となる。ポツダム宣言を受諾して主権を失っていた日本政府にとって、それらの外地の日本人居留者を救済するためにできることは、限られていた。また、ソ連本国でさえも十分な食料や医療品がないなかで、占領下の満州で生活必需品を確保することは容易ではなかった。

そして北緯三八度線以北の北朝鮮では、米軍占領下の南朝鮮とは大きく異なる風景が拡がっていた。一〇月一四日に平壌の公設運動場でソ連軍とともに解放を祝うための平壌市民衆大会が開催され、それまでソ連軍の庇護を受けてきた金日成が、そこに集まった一〇万人の市民の前で演説を行った[54]。そこでは、ソ連をはじめとする連合国が対日戦に勝利し、日本帝国主義を滅亡させたことを感謝していた。そして、「ソ連軍隊とスターリン大元帥万歳」と叫んでいた。ソ連を解放者とみなしていたのだ。

このようにして、満州や北朝鮮で庇護者がないまま大陸に残された日本人居留者は、その後東アジアの政治力学に翻弄される。日本国内で新政府が組織され、人々が希望とともに日本の復興と再建を目指して前進をはじめた時期に、大陸に取り残された日本人たちは平和で幸福な未来を思い描くことは困難な状況にあった。まだ、「戦後」は始まっていなかったのだ。

金日成

忘れられた帝国臣民

一九四五年八月一五日に天皇陛下の玉音放送が流れたときに、海を越えた、アジア太平洋の広大な領域には、三〇〇万人を越える日本軍の兵力が展開していた[55]。それらの兵士は疲弊し、装備や兵站、食料を欠いており、さらには戦闘を継続する強靱な精神も失われかけていた。

それでも依然として日本軍は巨大な兵力であり、重要な秩序維持機能を持つことは事実であった。翌日の八月一六日に即時停戦命令が出されたことで、彼らは本来の任務を失い、祖国へと帰還することになる。それによって、旧満州、朝鮮半島、台湾、太平洋島嶼、東南アジアにおいて巨大な「力の真空」が誕生することになる。それは、それまでの秩序が崩壊することを意味した。

内地を出たことのない日本人の多くは、日本軍の武装解除と復員の結果として、アジア太平洋地域に「力の真空」が生まれ、それによって混乱と内戦が生じたことにあまりにも無自覚であった。帝国が崩壊した後に地域秩序が不安定になることは、第一次世界大戦後のオスマン帝国崩壊による中東の混乱や、ハプスブルク帝国崩壊後の中東欧の政情不安定化でも、すでに見られたことであった。実際に、第二次世界大戦後のアジアにおける戦争の多くは、中国内戦、朝鮮戦争、第一次インドシナ戦争、ベトナム戦争というように、かつて大日本帝国が支配していた領域に生じた「力の真空」によって引き起こされたものであった。

それだけではなかった。大東亜省がポツダム宣言受諾を伝えた暗号第七一五号の別電として送った暗号第七一六号では、「居留民はでき得る限り定着の方針を執る」とされていた。この現地定着方針によって、「帝国臣民」の多くが戦争終結後も外地で苦難の日々を過ごす運命となるのであった。[56] 焦土となった日本本土の復興こそが最優先課題であって、外地にいたかつての「大日本帝国」の「帝国臣民」の生活と安全、そして財産までを保護する意志と能力を、このときの日本政府は欠いていたのだ。

すでに一九四三年一一月のカイロ会談や、一九四五年二月のヤルタ会談、さらには同年七月のポツダム会談によって、朝鮮半島の独立や台湾の中華民国への帰属が明らかになっていた。とはいえ、それをどのように実現して、どのようにして新しい秩序を形成するかについての具体的な政策に関しては、まったく不明であった。日本軍が「居留民保護」を実行する機能を失ってから、残留日本人はこれからの生活がどのようになるのか、誰が自らの生命を守ってくれるのか、まったく見えない暗闇の中にいた。八月三一日の終戦処理会議において、「戦争終結ニ伴フ在外邦人ニ関スル善後措置ニ関スル件」が決定されて、「出来得ル限リ現地ニ於テ共存親和ノ実ヲ挙グベク忍苦努力」する方針が確定する。[57] いわば、自助努力によって、自らの生命を守り、彼の地の新しい政府と協力することが期待されていたのだ。だが、それは言葉で語るよりも実際にははるかに難しいことであることは、誰にとっても明らかであった。

このようにして残留日本人の運命は、どこに居留していたかによって、大きく分かれることになる。大日本帝国の解体のプロセスは必ずしも一様ではなく、単線的でもなかった。米軍管理下にある北緯三八度線以南の朝鮮半島南部と、南洋群島、そしてフィリピンに居留していた日本の民間人の多くは、米軍の保護と支援を受けて比較的スムーズに引揚を実現することができた。その多くが、日本に生きて帰ることができたのだ。続いて、中国軍管理下に入った満州を除いた中国本土にいた五〇万人を越える民間人は、実質的には現地の日本軍の保護下に入っていた。[58] これらの人々もまた、順次本国へと引き揚げていく運命にあった。

もっとも大きな困難に直面したのが、ソ連軍の支配下に入った旧満州と朝鮮半島北部、南樺太、千島列島に居留していた二〇〇万人を越える民間人であった。ソ連の対日参戦によって、「八月一五日」以後もこれらの地域の多くでは戦闘が続いており、「九月二日」の降伏文書調印式の時期まで「戦争」状態となっていた。とは言え、もはや日本軍は組織的な戦闘は止め、武装解除をされていたために、それらの日本人居留者は無抵抗な状況であった。いわば、国家による保護が欠落した状況下で、ソ連軍による侵攻に向き合わなければならず、巨大な犠牲者を伴うことになった。(59)

また冬期になれば、満州の寒冷地では凍死者や餓死者が出ることも想定しなければならなかった。満州を実質的に支配し、居留者保護を担っていた関東軍幕僚もまた、侵攻をしてきたソ連軍によって一斉に拘留されており、それ以後は民間人がむき出しの暴力に向き合って、本国政府やソ連軍との連絡を取り合わなければならない。この後には、ソ連とアメリカとの関係悪化に伴って、ソ連管理下の日本人居留者の引揚の問題、さらには日本人抑留者の対処の問題は、より一層深刻で困難な問題となる。「大東亜共栄圏」が崩壊したのちに、アジア太平洋地域に巨大な「力の真空」が生じていた。新しい勢力均衡に基づいた戦後秩序を構築するまでには、多くの障害を乗り越えて、多くの外交交渉を行わなければならなかった。

日本の植民地を含んだ外地には、終戦時には日本人が約六八八万人居留していた。そのうちの約三六七万人が軍人であり、約三二一万人が民間人であった。(60)これは当時の日本の総人口の約一割に達する水準であった。それらの人々が引揚船によって日本の本土に戻ってくるためには、大変な数の船舶が必要であり、また大量の飲料水や食料が不可欠であった。一方で、引揚者が日本に帰還することは、日本の「戦後」がはじまるためには不可欠なことであった。労働力として、彼らの力が必要だったのだ。

それらの人々にとっては、「一九四五年八月一五日」は必ずしも「戦後」の開始を意味しなかった。先に述べた通り、困窮と飢餓を乗り越え、海を渡り、日本の土を踏みしめてはじめて、それらの引揚者にとっての「戦後」の物語が始まるのだ。他方で、ソ連やモンゴルでの抑留者や、中国大陸での残留者の帰国は、冷戦という新しい国際政治に翻弄された結果、一九五〇年代から六〇年代まで大幅に遅れることになる。平和で豊かな「戦後」を手にするまでに、あまりにも長く過酷な日々が続くのであった。

3　アジアにおけるパワー・バランス

「力の真空」をめぐる政治力学

アジア太平洋戦争の終結は、この地域に平和をもたらすことはなかった。終戦の後にも、この地域では次々と凄惨な戦争が続いていった。それは中国国内での国共内戦にはじまり、ベトナムが宗主国フランスからの独立を目指した第一次インドシナ戦争、朝鮮戦争、そしてアメリカの軍事介入によるベトナム戦争と、アジアの土地で戦火が止むことはなかった。日本人が、アジア大陸や太平洋島嶼からの引揚を進めて、日本列島という塀の内側に閉じこもっていた同じ時期に、海を越えたアジアの諸国においては陸続と戦争が起こっていた。日本の戦後は、そのようなアジアの戦争から目を背けることから始まった。

戦争の終結がこの地域にもたらしたのは、平和ではなく「力の真空」であった。そして、その「力の真空」を埋めようとして戦争の種子が蒔かれ、新しい衝突と憎悪が生まれていった。

それまでは、日本こそが、「力の真空」を埋めようと膨張する主な勢力であった。第一次世界大戦勃発から第二次世界大戦終結に至るまでの約三〇年の間、流動的な国際情勢のなかで、日本はアジア太平洋地域において着実に自らの影響力の膨張へと動いていた。第一次世界大戦後、ドイツ帝国が崩壊して南洋群島に「力の真空」が発生したときには、日本海軍がそれを埋めることになり、西太平洋における制海権を確立しようとしていた。

また、ロシア帝国が崩壊してシベリアやモンゴルでのロシア軍の影響力が後退すると、日本はシベリア出兵を敢行し、大陸へと大規模な派兵をすることで広域にわたる支配を確立しようと模索した。さらには、辛亥革命で誕生した中華民国の不安定な統治に乗じる形で、日本軍は行動を拡大していった。戦前のアジアで日本軍が強大化していく一因は、第一次世界大戦後の政治変動によって多くの新しい「力の真空」が誕生したことであった。

一方、第二次世界大戦後のアジアにおいては、大日本帝国という巨大な陸軍力と海軍力、そして工業力を擁する帝国が崩壊することで、この地域一帯に広大な「力の真空」が誕生した。それは、北はソ連およびモンゴルとの長大な国境線を有する満州国から、朝鮮半島、中国沿岸部、香港へと広がり、さらにはベトナム、シンガポール、ビルマ、インドネシア、そして、パプアニューギニアやパラオ、グアム、サイパンなどの太平洋の島嶼を含む、地理的にあまりにも広大な地域にわたるものであった。この巨大な帝国が崩壊し、地図上から消えてなくなることは、歴史に計り知れないほどの大きな衝撃を与えることになるだろう。その衝撃波によって、戦後史に数々の新しい物語が生まれていく。

さまざまな勢力が、流動的な国際情勢のなかで「力の真空」へ自らの影響力を浸透させて、安全を確保し利益を拡大しようと試みる。その勢力とは、真珠湾攻撃によって自らの国土が攻撃を受けて、安全保障上の脅威を感じていたアメリカであり、さらには第二次世界大戦で最大の死傷者が出て、最大の犠牲を払ったソ連であった。この両国が、戦後の世界でより大きな安全を確保するため、太平洋や、ユーラシア大陸外縁部で自らの勢力圏を拡大し、軍事基地を確保しようと試みることは、地政学的な観点からも自然なことであった。

そのようにして、自らの安全や利益を確保して、戦後の世界で活発な政治行動を行うようになるのは、米ソの二つの「超大国」だけではなかった。アジアのさまざまな勢力もまた、政治権力を確立して、自らの安全や利益を追い求めていた。長年にわたって日本からの軍事攻撃にさらされて、大量の犠牲者が生じた中華民国は、戦後のアジアで主導的な地位に立とうとしていた。それに加えて、東南アジアの植民地に復帰を試みるイギリスやフランスなどのヨーロッパの植民地帝国、さらにはアジアの土地で自らの国家樹立を試みる民族主義者たちもまた、重要な新興勢力であった。これらの勢力が、複雑に絡み合って、衝突や協力をしながらその関係を構築することで、戦後史が描かれていった。

忘却される記憶

戦後この地域では、日本国内の牧歌的な平和と、アジアにおける凄惨な戦争と、この二つが混ざり合うことで、光と影が独特な陰影をつくりだしていった。それは、大日本帝国の崩壊がもたらした光と影であって、戦後アジア秩序という同じコインの表と裏でもあった。

日本国内では、一九四六年に新しい日本国憲法を公布して、憲法九条に基づいた平和主義を楽しむ空気が満ちあふれていた。他方で、大日本帝国の崩壊に伴う日本軍の動員解除、復員、引揚によって、「外地」と呼ばれた旧植民地、旧支配地域においては、混乱と、革命、そして戦争が拡がっていった。というのも、それまでは強大な日本軍がこの地域に一定の秩序を構築し、維持してきたからであり、その秩序維持機能が失われれば不安定や無秩序、混乱が生じるのはある程度必然的であったからだ。アジアで新興独立諸国が秩序を回復して、政治権力を確立するまでには、もうしばらくの年月が必要であった。

われわれが慣れ親しんでいる戦後史とは、そのような大日本帝国の崩壊に伴う混乱と戦争を忘却することによって、あるいは無意識のうちに戦前と戦中の日本軍の活動との関連性を切断することによって成り立っている。しかし日本の戦後史は、大日本帝国崩壊が引き起こした混乱や戦争と切り離して論じるべきではない。そのつながりを意識して、理解することで、われわれはより深くアジアと日本の来歴を学ぶことができるはずだ。

それゆえ、大日本帝国崩壊の過程についての詳細な歴史を描いた歴史家の加藤聖文は、「戦後の日本人は何か大きな歴史の視座を見失ってしまったのではないか」と、従来の歴史的視座に疑念を述べている。そしてさらに、次のように重要な指摘を行っている。
「東アジアにおいては、第二次世界大戦終結を境に戦前と戦後を分ける捉え方は再考しなければなるまい。むしろ、大日本帝国の崩壊から国共内戦、さらには朝鮮戦争にいたるまでを一つの歴史の連続体として捉えるべきであろう。またそれと同時に、日本列島、朝鮮半島、中国大陸など と細切れにされた地域の歴史としてではなく、それらを包摂したより広い地域を一つの歴史として捉える視野が求められよう。この時間軸（縦糸）と地域軸（横糸）を組み合わせることで、これまでの一国史を超克した東アジアの新たな歴史像が生まれてくるのではないか[61]」

これは重要な指摘である。本書もそのような問題意識を共有している。

実際に、戦後初期の時代には、戦前と戦後の境界線は不明瞭であり、「日本」と「アジア」との地理的な境界線も不明瞭であった。そもそも、「一九四五年八月一五日」をもって、帝国陸軍と帝国海軍のすべての軍人たちがアジア太平洋におけるその広大な支配地域をただちに立ち去ったわけではない。すでに触れたように、その後もしばらくの間、その支配地域にとどまってそれぞれの人生を送っていた。その間、大本営から即時停戦命令がだされたり、民族独立戦争を支援したり、民間人の在留者を保護して祖国への引揚を助けたり、あるいは連合国による戦争裁判で命と名誉を失ったりしていたのだ。それらの人々の声にも、われわれは耳を傾けなければならない。

それらは多くの場合において、苦痛と屈辱に満ちた経験であった。だが、それればかりではない。長く離別状態にあった内地の家族や恋人に再び会えるということが、どれだけ嬉しいことか。戦死することなく、祖国に帰還できることがどれだけ幸運なことか。そのような希望もまた同居していた。

だが同時に、戦友たちの戦場での無慈悲な死骸の光景が目に焼き付いたまま、彼らは戦後の新しい生活を始めなければならなかった。そのような悲劇と再生は、戦後日本の音楽や映画、そして小説などの文化において、鮮明に描かれていく。戦後史の光と影が同居する物語を追うことで、より現実に近い歴史を学べるだろう。そのようなさまざまな物語を見失うことなく、われわれは戦後史を再構築しなければならないのだ。

アジアのなかの日本

それでは、「一九四五年八月一五日」と前後して、アジア太平洋の各地では、いったいどのような光景が広がっていたのか。そこで日本人は何を見て、何を経験して、何を感じたのか。

戦前における「大日本帝国」という巨大な帝国の中での日本人とアジアの人々との間の人間関係や、経済関係、そして政治関係が、戦後の世界においては大きく変容していくことになる。それらの多くの地域が独立し、あるいは日本から切り離されたことによって、日本の外側に拡がる「アジア」という新しい認識を用いなければならなかった。帝国の中で活動していた人たち、あるいは「大東亜共栄圏」というネットワークの内側で行動していた日本人たちは、戦後は「隣国」との関係としてそれまでのアジアにおける人間関係や経済関係、社会関係を再構築しなければならなかった。

戦前に日本人が一般的に抱いていたアジア観とは、それを一つの「家族」として捉える認識であった。

一九四二年一月一日にラジオの年頭挨拶で語りかけた東条英機首相は、日本が「家父長」となって、アジアの人々と助け合うような「家族的秩序観」を有していた。同年九月に海軍省調査課がまとめた「大東亜共栄圏論」と題する文書に示されているように、「帝国の指導下」において、「それぞれの能力、価値、民度にふさわしい地位を与えられつつ、しかも全体として有機的な統一」を保持することがその秩序の本質とされた(62)。

芽生えつつあったそのような「家族的秩序観」が、一九四五年八月に突如として崩壊することで、その後にこの地域一帯に混乱が拡がる。戦後日本外交史が専門の宮城大蔵上智大学大学院教授は、それゆえ、「戦後直後のアジアを覆うことになった激動は、決して日本と無縁なものではなかった」と語る(63)。戦前と戦後は繋がっていて、日本とアジアもまた繋がっていたのだ。さらには、次のようにその問題の本質を描写する。

「連合国側にとっては、大日本帝国壊滅後のアジアの国際秩序について、十分に構想を練る時間がないままの日本降伏であった。戦後の中国では、共産党と国民党のどちらが主導権を握るのか、朝鮮ではどうか。そして東南アジアには植民地を復活させるのか否か。こうした点について十分に詰められないままに大日本帝国が潰え、アジア一帯に広大な『力の空白』が生じることになった。このような『空白』が出現したことで、アジア各地における諸勢力間の闘争が始まったのであった(64)」

われわれは、大日本帝国の崩壊によって、戦後のこの地域に「力の真空」を生み出したこと、そしてその結果として闘争や混乱が拡がってしまったことに対して、あまりにも無感覚あるいは無自覚であり、また冷淡であった。それは何より、戦後の日本では、人々は自らの食料や生存を確保することに必死であったからだろう。新しい国境線を越えた向こう側にも目を向けて、日本軍が復員し引き揚げたあとのアジアの土地の人々にまで思いを寄せる余裕がなかったのだ。

戦後の日本人の多くにとっては、アジア大陸は次第に遠ざかっていく存在であった。自らの生命と安全、利益こそが最優先すべきものであったのだ。あるいは戦時中もそれは同様で、たとえどれだけ誠実に「家族的秩序観」をその胸に抱いていたとしても、実際の政治において、日本人とアジアの人々との関係はその多くの場合に冷淡で、打算的なものであったというべきなのだろう。

そうだとすれば、われわれは「他者」としてのアジアを深く理解して、アジアのそれぞれの土地でそれぞれの国民が辿った物語を真摯に受けとめて、アジアの中での日本の位置を確かめなければならない。もちろん、「他者」と日本との間に実在した絆の存在もまた忘れてはならない。

戦争と平和の間で

戦時中の大日本帝国、さらには大東亜共栄圏とは、意識的にも、無意識的にも、アジアの人々と日本を繋げるものであった。その意味で、戦前の日本人は日本列島の内側に閉じこもることはしなかった。外へ向けて、膨張していたのだ。

もちろん、日本人とアジアの人々との繋がりとは幸福なものばかりではなかった。多くの悲劇があった。だが、なかにはあたたかな心が通い合うような繋がりも存在した。そのような、ぬくもりのある人と人との繋がりは、幸いなことに戦後の日本がアジアとの関係を再構築するなかで、次第に回復していった。先に触れた高碕達之助のように、戦前と戦後をまたいで日本とアジアとの絆を強めようと努力を重ねた人々がいた。

戦争に光と影があるように、平和にも光と影がある。同じようにアジアと日本の関係にも、光と影の双方が存在していた。その光だけを見ていても、影だけを見ていても、全体像を適切に理解するのは難しいだろう。よりリアルな歴史の実像を活写するには、その双方が必要なのだ。

「大日本帝国」という実在が、空間的に日本とアジアを繋げるものであったとすれば、「終戦」という時期は時間的に戦前と戦後を繋げるものでなければならない。本書では、従来のわれわれの歴史認識における「空間的な束縛」と「時間的な束縛」を解放して、より豊かな広がりをもって戦後史を再構築したい。また、これまでのように、戦前が純粋な影であり、戦後が純粋な光とみなすような「イデオロギー的な束縛」からも脱したい。だとすれば、戦争の時代と平和な時代がどのように繋がっていたのか、そして日本とアジア、さらには国際社会がどのように繋がっていたのかを意識しながら、日本の足跡をたどっていくことが重要となる。

戦前も、戦時中も、戦後も、日本は国際関係のなかに埋め込まれていた。日本の行動は、国際関係の中で規定され、制約されていた。それは外交関係であり、国際法であり、国際的制度である。それゆえに戦後世界で新しい歩みを始める日本は、国際情勢の動向に翻弄され、漂流してきた。

その潮流を正確に理解することが、戦後の日本の再出発においては不可欠であった。東久邇宮稔彦王首相以後、日本が主権を回復するまでの間の五人の首相のうち三人が元外交官であったのも、そのような必要性から生じたのであろう。

そして、敗戦国であり、また連合国の占領下にあった日本にとって、外交上の選択の幅はきわめて限られており、巨大な制約の下で行動をしなければならなかった。そのような構図は、基本的に独立達成まで変わらなかったし、ある意味では独立後も同じであった。そもそも外交とはそのような性質のものなのだ。それを、渡邉昭夫は、次のように表現する。

「外交というもののもつこのような特徴から引き出せる一つの事実は、対外目的の実現を目指すといっても、特定の状況のなかでの選択の幅はきわめて限定されているのが、普通だということである。およそ政治的行動というものが、可能性の追求を目指す技術であるといわれるように、さまざまな制約のなかでのきわどい選択であるといえるのだが、なかでも、外交における選択に対する制約は大きい」(65)

そのような制約の中で、戦後の日本は堂々と自主と独立を達成していく。自らの判断で自らの道を切り開き、自らの責任で平和と安全と繁栄の実現を目指す。そして実際に日本は戦後の歩みの中で、平和と安全と繁栄のいずれをも達成することができたのである。

とはいえそれは、連合国による占領と、国連憲章が創る新しい国際的規範と、戦争で圧倒的な役割を担った超大国のアメリカの政策という枠組みの中で、達成する必要があった。その、一見矛盾するかのように見える戦後日本の自主と独立は、光と影の双方に包まれたものであったのだ。

それでは次に、その基礎が創られる時代の歴史を見ていくことにしたい。

第2章　アメリカが創った秩序

1　「アメリカの海」へ

孤立主義からの訣別

戦後の日本の歩みは、戦時中から戦後初期にかけてのアメリカの世界戦略と不可分に結びついていた。戦後の歴史は、アメリカを中心に転回していき、それを動かす原動力となったのは何よりも、自らの国家安全保障を確実にするというアメリカの欲求であった。したがって、戦後の世界の歴史を理解するためには、何よりもアメリカが希求した国家安全保障を理解することが不可欠である。

真珠湾攻撃を経験したアメリカは、二度と同じような奇襲攻撃を受けることのないように、そしてアメリカ国民の安全が確実に保証されるように、アメリカにとって利益となるような戦後秩序を構築しようと試みた。その試みは、「国際連合」という世界機構を設立して、集団安全保障措置による国際社会の平和と安全を確立しようとしたことに端的に表れている。その際、自らの国家安全保障をむき出しにして追求するのではなく、むしろそれを「普遍的な正義」という化粧を加えることで、より国際社会にとって受け入れやすいものにするような深謀遠慮も見られた。

とはいえ、そのような新しい世界機構はアメリカ国民の安全を本当に保証してくれるのだろうか。より現実主義的に思考するならば、太平洋と大西洋で巨大な軍事基地のネットワークを構築し、二つの海洋を支配することによって、アメリカはより確実な安全を確保できるであろう。それによって、いかなる敵国もアメリカの国土を直接攻撃することはできなくなるはずだ。そのような恐怖心と不安から、アメリカは自らにとって安全な戦後秩序を構築しようと考えた。それは、戦争を通じて大量の血を流したアメリカ国民が得るべき当然の対価でもあると、アメリカ国内では広く認識されていた。

また、戦争に勝利したアメリカは、圧倒的な軍事力と経済力によって、そのような海洋支配を実現するための十分な国力を備えた唯一のグローバル・パワーであった。一九四四年にはアメリカの政治学者のW・T・R・フォックスが、「超大国（Super-Powers）」という言葉を初めて用いて、イギリスやソ連とともにアメリカを位置づけるようになっていた。[1] 国連創設と、グローバルな米軍の海外基地ネットワークは、「アメリカの平和（パックス・アメリカーナ）」を支えるための光と影であり、アメリカ国民の安全を保証するためにはそのどちらもが必要であった。

第二次世界大戦後のアジア太平洋地域において、戦後秩序を創る上でもっとも重要な原動力となったのは、アメリカ国民が抱く恐怖心であり、脅威認識であり、国家安全保障観であった。そして、アメリカ国民にそのような恐怖心と脅威認識を植え付けたのは、直接的には日本軍による真珠湾攻撃であった。再び同じような奇襲攻撃によって、アメリカの国土が攻撃されないようにすることが、何よりも重要なことであった。そのために必要なのは、日本軍を武装解除し、日本を非武装の平和国家へと転換させることと同時に、太平洋にアメリカの軍事基地のネットワークを構築して、軍事的な優越性を確立することであった。

アメリカ建国から真珠湾攻撃に至るまでの時代には、広大な二つの海洋に包まれるアメリカにとって平和と安全は、「神が恵んでくれる慈悲（スペシャル・プロビデンス）」であった。そのような楽観的な想定に依拠して、一九世紀の世界ではモンロー主義（アメリカ大陸とヨーロッパ大陸間の相互不干渉）を、そして二〇世紀の世界では孤立主義を抱擁して、アメリカの国民と国土の安全を保証してきたのである。建国の父たちの教えは、古く汚れたヨーロッパ大陸の勢力均衡にはアメリカは加わるべきではないという立場に帰結した。それによってこそ、アメリカは平和を楽しむことができると考えたのだ。

そのようなアメリカ人の楽観的で孤立主義的な国家安全保障観を徹底的に破壊したのが、一九四一年一二月の日本軍による真珠湾攻撃であった。それは、アメリカ史における精神的な衝撃であり、革命であった。アメリカを代表する外交史家のジョン・ルイス・ギャディス教授は、それゆえ真珠湾攻撃のアメリカ史における意味を、次のように論じている。

「真珠湾攻撃はアメリカ帝国にとって決定的な出来事であった。なぜなら、アメリカが世界的な大国となりその地位を維持することについて、アメリカ人に関する限り最も理屈にかないかつ正当化しやすい理由——危険に曝された国家の安全——が現実のものとなったのが、まさにその時点だったからである。その時までは孤立主義が花盛りであった。しかし、孤立主義のせいでアメリカが軍事的な攻撃を受けるかもしれないということがひとたび明らかになると、孤立主義は打撃を被り、そこから回復することは決してなかった。決定的であった年は一九四五年でも一九四七年でもなく、一九四一年だったのである[2]」

同様に、アメリカ外交史が専門である佐々木卓也立教大学教授は、次のように説明する。

「太平洋戦争は、アメリカの立場の正しさを証明するとともに、伝統的な孤立主義に訣別し、ダイナミックでグローバルな外交を展開する自信を国民に与えた。戦争はまた、充分な軍事力が安全を守るために死活的な要因であることを確信させた。戦間期のアメリカは国益を維持、拡大する上で、軍事的な手段よりもむしろ経済・金融・文化的な手段を重視したが、太平洋戦争は平和と安全を守るためには軍事力が不可欠なことを痛感させたのである」

このように佐々木は、太平洋戦争の前後での、アメリカの国家安全保障観の断絶を説明している。そして、その断絶をもたらしたのが、日本軍による真珠湾攻撃であったのだ。

「なかでも真珠湾攻撃は衝撃的な事件であった。真珠湾はミュンヘンの宥和と並んで、戦後のアメリカの安全保障政策を形成する基本的な教訓となった。日本軍の奇襲は孤立主義の維持が不可能であるばかりか、仮想敵国に対する不断の警戒と平時における強力な軍事体制の保持の必要を証明した出来事と受け止められた。敵対国による真珠湾型の先制攻撃——しかも戦後は〝核の真珠湾〟の危険があった——を防ぐことが、アメリカの政策決定者の至上命題となった[3]」

逆説としての日米関係

歴史とは奇妙なものである。太平洋戦争によってアメリカがパワー・ポリティクスに目覚め、軍事力こそがアメリカの平和と安全をもたらすものと感じ取ったのにたいして、日本の場合は反対にその戦争によって軍事力では国民の生命と安全を守れないこと、さらには軍事力こそがむしろ国家の破綻と滅亡をもたらすだろうという恐怖を感じ取った。戦後の世界で、アメリカ国民が過剰に軍事力に依存するようになる一方で、日本国民は反対に、過剰にそれを嫌悪するようになる。いずれも、それぞれの国民が戦争から異なる経験を得て、異なる教訓を導き出したからであった。[4] それがまた、この二つの国家のその後の運命を規定していく。

そして、日米という志向性の異なる二つの敵対する国が、戦争の後に深く結びつくことで、戦後アジア太平洋地域の秩序の基礎が創られていった。これはいかにも逆説的な帰結であった。圧倒的な軍事力を有するアメリカは、日本が非武装化を進め平和主義を擁することを自国の国家安全保障上の利益と考えるようになる。他方で、圧倒的に平和主義を愛するようになった日本は、自らが軍事力を放棄して、アメリカの強大な軍事力によって自国が守られることこそが、国家安全保障上の利益になると考えるようになっていく。

このような、軍事力の意義に関して両極端な志向性を有する「同床異夢」の日米両国が、強固な同盟関係を構築して結びつくことこそが、戦後アジア太平洋地域の平和と安全を担保していた。いずれの一方にとっても、自らと正反対の志向を持つ他者が必要であった。その意味でも、戦後の日米関係は逆説に満ちたものであった。

しかしながら、そのような相互補完性を基礎とする日米間の同盟体制は容易に確立したわけではない。そこに到達するためには、両国政府の間での何年にもわたる外交交渉と、さらには冷戦の発展という国際情勢の推移が必要であった。それでは誰が、どのようにして、日米同盟の成立に貢献したのであろうか。それは後に見ることにしよう。

戦後日本の再出発は、このようにして国際環境の変化に大きく規定された。そのなかでも、戦後秩序形成の中心的な存在であり、日本を占領する中核的な勢力であったアメリカこそが、戦後日本の運命に巨大な影響を及ぼした。そして、冷戦という国際環境の中で、一九五一年の日米安保条約締結、さらには一九六〇年の安保条約改定を経て、日米両国が相互補完的な同盟関係を構築し、アジア太平洋地域における戦後秩序の基礎が確立していく。

それは、アメリカが創った秩序であり、「アメリカの平和」に基づいた国際体制であった。本章では、その意味を考えていきたい。

パラオの碧い海

日本とアメリカという遠く離れた二つの国家が戦争に突入して、戦後は反対に強固な同盟関係を構築したのには、両国に挟まれた太平洋という海洋の存在が重要な背景となっていた。海洋は人々を切り離すと同時に、結びつける。このあまりにも巨大な海原を横断する海上交通が発展するまでは、両国の関係は疎遠であり、相手国への関心は限られたものでしかなかった。しかしながら、海上交通の発展にしたがって、太平洋こそが両国を結びつけ、また両国の敵対をもたらした。

太平洋は広い。アメリカは、ハワイを併合し、フィリピンを領有することで、二〇世紀初頭には名実ともに太平洋国家となった。フィリピンを領有するアメリカにとって、台湾を領有する海洋国家の日本は、まさに「隣国」であったのだ。

太平洋国家としてのアメリカにとって、第一次世界大戦後のこの地域での最大の軍事的脅威は、世界でも有数の近代的な海軍を擁する日本であった。日露戦争とロシア革命によりすでに、ロシア海軍は脅威ではなくなっており、第一次世界大戦を契機にイギリスのアジア関与にも限界が見られるようになる。この地域でもっとも強大な海軍を擁する大日本帝国が、はたしてどのような戦略方針であるのか。そして、日本はさらなる領土の拡張を目指すのであろうか。あるいは、英米両国との協調をその政策の基軸とするのだろうか。日本政府が進むべき方向性によって、アメリカの国家安全保障も大きな影響を被る。アメリカ政府内では、不透明な日本の軍事戦略に対して、疑念を募らせていった。

第一次世界大戦後の西太平洋におけるパワー・バランスを考える上での一つの争点が、ドイツ帝国が放棄した南洋群島の戦後処理であって、その中核に位置するパラオの位置づけであった。南洋群島をいかなる勢力が支配するかによって、この太平洋の戦略バランスも影響を受けるであろう。というのも、南洋群島に軍事拠点を置けば、西太平洋における東西と南北の海上交通を遮断することが可能となるからだ。

パラオの海はあまりにも美しい。碧く輝く海面の下には、色鮮やかな珊瑚礁が拡がり、熱帯魚が生息する。そのような広大な海を眺めるならば、熾烈な国家間の闘争や軍拡競争とは無縁の、永遠の平和が約束されているかのように思われる。このような、戦争や国際政治とは全く無縁に見えるパラオの島嶼が、二〇世紀前半における太平洋の地域秩序を大きく揺り動かす要因となっていく。

多くの島嶼からなるパラオは、もともとはスペイン領であった。その後、一九世紀末に、皇帝ヴィルヘルム二世が進めるドイツ帝国の「ヴェルトポリティーク（世界政策）」の一環として、ドイツ領ニューギニアとなった。第一次世界大戦が勃発すると、ドイツの敵国として参戦した日本が、パラオを含む南洋群島を占領して自らの支配下に収める。戦後には、国際連盟規約第二二条に基づいて、パラオ諸島は日本の委任統治領（C方式）となった。連盟委任統治領であるゆえ、あくまでもそこでの軍事基地建設は禁止されていた。日本は連盟規約の委任統治条項を遵守して、その後は非軍事的な統治を実践して、民生の向上に努めることになる。

西太平洋の戦略的要衝

第一次世界大戦後の太平洋は、不安定な平和が続くことになった。

日本が南洋群島へとその勢力圏を拡大すると、そのことがハワイやフィリピンを領有していた太平洋国家のアメリカにとって脅威となった。サイパンやパラオは、西太平洋全体に影響を及ぼす海上交通の要衝であり、戦略的価値の高い拠点であった。この拠点を日本が押さえていること

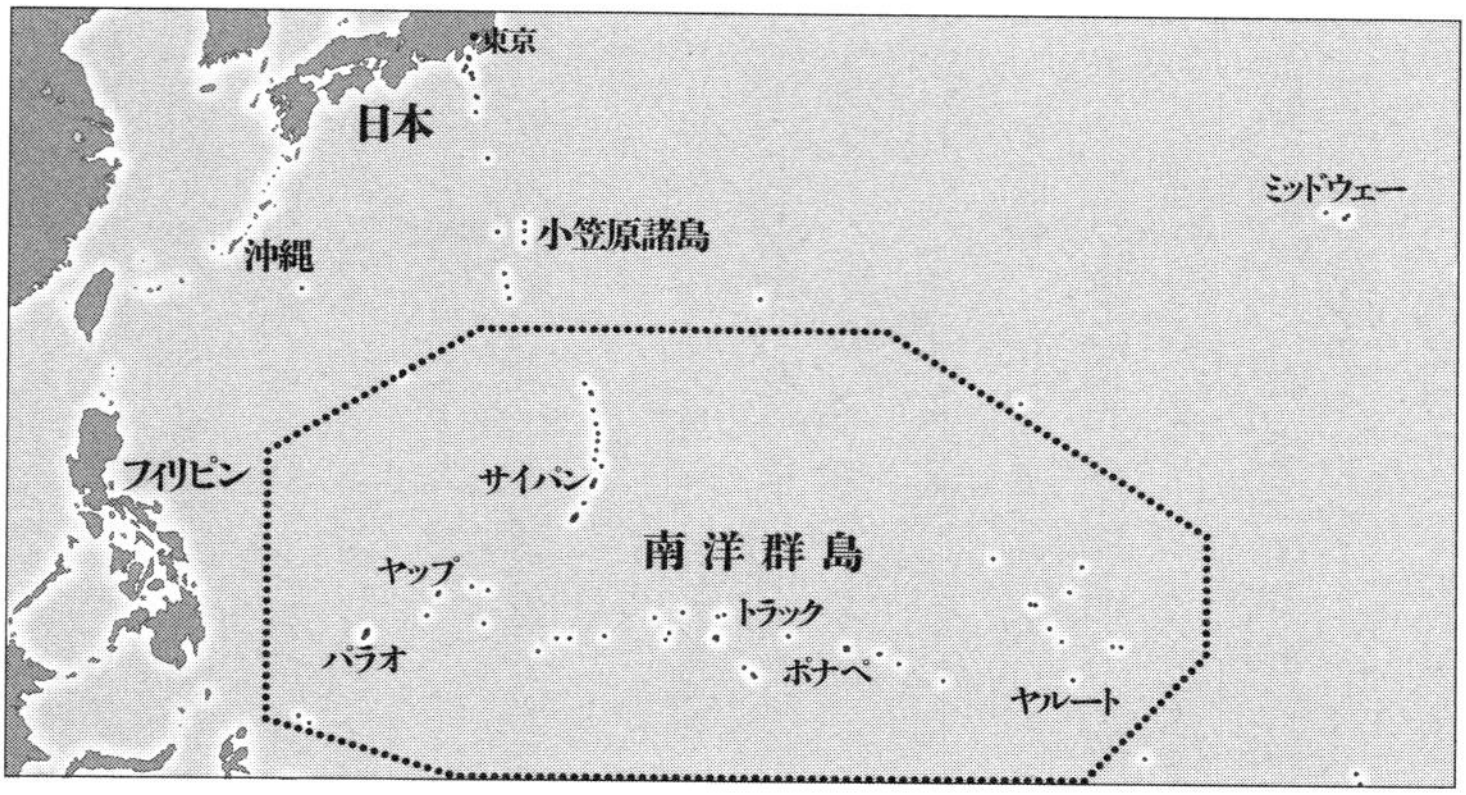

南洋群島

で、アメリカやイギリスは次第にそれを脅威と感じ、懸念を抱くようになる。この地域での日本の影響力の拡大は、少なからずそれ以前の戦略バランスを崩していった。はたして、査察制度のない国際連盟の委任統治制度の下で、日本はほんとうに非軍事化の規定を遵守しているのだろうか。あるいは、いずれ大規模な軍事基地を建設するつもりなのだろうか。

日本が太平洋で勢力圏を拡張すれば、必然的にそれは、アメリカやイギリス帝国の勢力圏と衝突することになるだろう。それまで以上に慎重な行動と、真摯な国際協調が求められていた。イギリスはマラヤを領有し、アメリカはフィリピンやハワイを領有し、そして日本は台湾を領有していた。これらの海軍大国に囲まれた領域にある南洋群島は、第一次世界大戦以後の世界において、戦略的にきわめて大きな価値を持つようになってしまったのだ。

先にも触れた国際連盟規約の委任統治条項と、ワシントン海軍軍縮条約第一九条の非軍事化規定に基づいて、南洋群島は軍事化することが禁止されていた。(5) このように、太平洋の中央に非軍事化された緩衝地帯が生まれたことで、アメリカ、イギリス、英自治領、日本の間で、一定の勢力均衡が成立することになった。国際連盟規約とワシントン海軍軍縮条約の規定によって、一九二〇年代の太平洋では国際協調と平和を維持することが可能となった。日本海軍は委任統治がはじまる一九二二年四月までに、順次南洋群島から撤退して、国際法を遵守して非軍事化を履行する。(6) この時代の日本は、国際協調主義に基づいた外交を基本方針としていたのだ。

一九二二年四月に南洋群島での委任統治がはじまると、日本政府は南洋庁を新設し、その本庁の庁舎を、パラオ諸島のコロール島の中心地コロールに建造した。日本政府は、国際連盟の常設委任統治委員会に毎年、行政年報の報告書を提出しなければならず、また非軍事化も遵守しなければならなかった。それゆえ日本政府は、民生におけるパラオの開発と発展に尽力する。日本による委任統治領のパラオ統治は、パラオの民生の発展に貢献し、パラオの人々にも好意的に受け止められて良好な関係を構築することに成功した。

この時期には、アメリカの「ニューヨーク・タイムズ」紙もまた日本のパラオ統治を高く評価して、「日本は住民の生活環境を改善するために尽力し、國際聯盟の下にある受任国の一国としての義務を忠実に遂行した」と賞賛していた。(7) 歴史家の等松春夫防衛大学校教授は、それゆえ、「当時、日本の南洋群島の統治は委任統治の模範例と国際的にも認められていた」と記している。(8) 南洋庁が設置されているパラオの海は穏やかで、この頃は戦争の足音は聞こえてこず、日本の国際的な地位も安定したものであった。戦争ははるか彼方の出来事であるように思えた。

そのような状況が、満州事変と、日本の国際連盟脱退によって大きく変貌していく。一九三三年の連盟脱退後もしばらくの間、日本は連盟規約の委任統治条項を遵守していた。ところが、一九三九年九月に第二次世界大戦が勃発して、イギリスやフランスやオランダがこの地域への関与を縮小せざるを得なくなると、それに便乗して、機会主義的に日本の活動範囲を拡大できるという楽観的な思考が見られた。日本では、この地域の秩序を安定化させ、国際協調を優先するよりも、自らの勢力圏を拡大することを優先すべきだという声が、大きくなっていく。さらには、対米開戦の可能性が視野に入ってくると、次第に南洋群島の軍事的な価値が高まっていく。

日本統治時代のコロール

一九四〇年九月には、日独伊三国同盟が締結され、日独間の秘密交換文書によって、日本政府は委任統治領であった南洋群島を正式に帝国領として編入することになった(9)。第一次世界大戦まで南洋群島を領有していたドイツ政府が了解することで、それらの戦略的に重要性を帯びた島嶼が大日本帝国の一部として組み込まれた。

これによって国際連盟規約の委任統治条項に基づく非軍事化規定が無効となったとみなして、日本政府は南洋群島の軍事基地化を加速していく。日本海軍は、本格的な飛行場と軍用港湾施設の建設を進めていき、それはまたパラオも例外ではなかった。パラオのペリリュー島に第四艦隊司令部が置かれ、艦隊が常駐することになった。平和の海に臨むパラオ諸島でも、戦争の足音が聞こえるようになっていく。

2 国家安全保障を求めて

島嶼の支配へ

一九四一年一二月の真珠湾攻撃によって、アメリカ国民は自らの国家安全保障に関する認識を革命的に変化させた。太平洋という海洋が存在するだけでは、アメリカの安全は確実とはいえなくなっていた。長距離爆撃機の広範囲にわたる活用や、弾道ミサイルの開発によって、海を越えてアメリカの国土が攻撃を受ける可能性が生じたのだ。

真珠湾攻撃を契機に第二次世界大戦に参戦したアメリカは、その後の太平洋戦線における戦闘において、膨大な量の血を流す結果となった。その代償として、戦後において確実な平和と安全を手に入れたいと考えた。それは、真珠湾攻撃による衝撃と、太平洋の島嶼戦による犠牲を経験したアメリカ国民にとっては、おそらくは自然な感情であったのだろう。問題は、どのようにすればアメリカ国民が確実な安全を手に入れられるのか、ということであった。

戦争勃発直後のアメリカ政府は、とりわけ国務省を中心として、戦後の太平洋の島嶼を国際管理下に置く構想を考えていた。しかしながら、その後、アメリカ政府内で認識の変化が生じるようになっていく。このアメリカ政府内の認識の変化について、歴史家の等松春夫は次のように論述する。

「その後の二年間に米国は太平洋の島々から日本軍を排除するために少なからぬ人的・物的犠牲を払った。したがって米国軍部がこの地域における戦後の安全保障の確約を求めるようになっていったのは当然であった。たとえば、軍部は戦後の太平洋に米国が支配する陸海軍基地群を整備することを提案した。そのような提案の一つは、安全保障上の要求を充たすために米国は以下の地域を確保すべきであると唱えていた。すなわちハワイ、アリューシャン列島のコディアック島とアダック島、パナマ運河地域の太平洋側にあるバルボア、グアム島、マリアナ諸島のサイパン島とテニアン島、オーストラリア委任統治領のマヌス島、硫黄島、沖縄、フィリピンに本格的な基地を一つ、ウェーキ島、ミッドウェイ島、エニウェトク島、クェゼリン島、トラック島にある補助基地である(10)」

アメリカ政府にとって、自らの国家安全保障を確保するためには、西太平洋の島嶼部をアメリカが支配することが重要となっていった。これは明らかに、戦争を通じて浮上した新しい思考であった。

実際に、統合参謀本部(JCS)の一九四三年一一月の覚書では、アラスカ、アリューシャン列島、ハワイ、フィリピンなどの米領土のみならず、南西太平洋とボルネオ、日本列島、千島列島、南サハリン、タイから中国と朝鮮半島に至る広大な地域に米軍基地を設置するように提案して、その二年後の四五年にはそこにニュージーランドと沖縄を加えていた(11)。

さらにアメリカ政府内では、一九四四年四月の国務省覚書で次のように指摘されていた。「わが国の課題は太平洋と東アジアを安全にすること、すなわち合衆国にとって安全に、同盟国にとって安全に、平和を愛好するすべての人々にとって安全なものにすることである」。これは、太平洋が事実上「アメリカの海」になることを意味していた[12]。

アメリカの国家安全保障

戦時中から戦後初期にかけてのアメリカの対外政策が、このような国家安全保障認識の変化に駆り立てられて形成されていったことを詳細な一次史料をもとに論じたのが、メルヴィン・レフラー・ヴァージニア大学教授である。アメリカを代表する冷戦史家のレフラー教授によれば、一九四三年から四四年にかけて、アメリカ政府内、とりわけ陸軍と海軍はともにアメリカの安全保障上の脆弱性を懸念して、ユーラシア大陸でアメリカにとって有利な勢力均衡を形成する必要を主張していた。そして、そのためにも米軍のグローバルな軍事基地のネットワークが必要だと論じていた[13]。

とりわけアメリカの国家安全保障にとっては、アジアとヨーロッパが重要であった。というのも、アメリカ本国に対して大規模な攻撃が可能な軍事大国は、アジアとヨーロッパにしか存在しないからであった。それゆえ、レフラー教授は、次のように説明する。「これらの防衛基地の目的は、敵対勢力をアメリカの領土から遠ざけておくために、大西洋と太平洋を完全なアメリカの支配下に置くことを可能とすることであった[14]」。

アメリカ政府内でこのような認識が強まっていったのには、真珠湾攻撃の記憶と、戦略爆撃の普及、さらにはアメリカ自らによる原爆の開発が、その背景として存在していた[15]。後者についていえば、その破壊力のあまりの巨大さを目の当たりにして、アメリカ政府は核兵器の独占の必要を強く認識すると同時に、将来において敵対勢力がアメリカに対して核兵器を用いる可能性に恐怖を感じた。アメリカの国土が将来にわたって安全であるためには、アメリカ自らが大西洋と太平洋の二つの正面で、前方展開基地を確保することが必要であった。そして、二つの海洋を支配することで、敵対勢力によるアメリカ本土への攻撃を、不可能にしなければならない。これこそが、アメリカが第二次世界大戦の経験から導き出した教訓であった。

　そのように考えたとき、二つの海洋を越えてアメリカへの攻撃を行うことができる軍事大国として想定可能な勢力が、アジアにおける日本と、ヨーロッパにおけるドイツであった。それは、第二次世界大戦におけるこの二つの大国の強大な軍事力を考えれば、自然な発想であった。それゆえ、一九四四年にアメリカの財務長官であったヘンリー・モーゲンソーは、戦後にドイツを分割して、二度と戦争が行えないように農業国とするモーゲンソー・プランと呼ばれる構想を提唱していた。同様に、日本が戦争終結後に非武装化をして、平和国家となることも、アメリカの国家安全保障上、必要な措置であった。

ヘンリー・モーゲンソー

前方展開基地としての日本

さらに、アメリカ政府は次第に、アジアにおける前方展開基地として日本を戦略的に活用する必要性を感じていた。戦争の経験、とりわけ開戦の原因こそ、戦後処理を行う上での重要な要素となり、さらには戦後秩序形成の重要な基礎となる。

具体的には、西太平洋での海外軍事基地を確保することで、敵対勢力によるアメリカへの攻撃を未然に阻止することが重要な目標であった。それは、フィリピン、小笠原諸島、そしてアリューシャン列島からアラスカ南西部に至るような、島嶼の連鎖がかたちづくる一帯を指していた[16]。それは防衛目的だけではない。将来に戦争が勃発した際には、敵国の内陸部奥深くにまで入り込み、大規模な戦略爆撃を行うためにも、その拠点となる軍事基地が必要であった。そのような爆撃を可能とするためにも、大西洋のアゾレス諸島、カナリー諸島、北アフリカのカサブランカとアルジェ、リビアのトリポリ、エジプトのカイロ、ペルシャ湾沿岸のダーラン、パキスタンのカラチ、インドのデリーとカルカッタ、ビルマのラングーン、タイのバンコク、インドシナのサイゴン、そしてフィリピンのマニラに至る空路の確保と、空港の離発着権限が必要だと考えていた。

一九四四年一月、アメリカの統合参謀本部では、次のようにパラオのような日本の委任統治領の戦略的な重要性を指摘している。すなわち「日本の委任統治領は米国の防衛にとって決定的な関係を有している。それらの地域を米国が保有し管理することは我が国の安全保障にとって緊要である[17]」。ところが、委任統治領は国際連盟による規定が存在しており、アメリカもそれを正面から否定することはできない。したがって、新しく創設する国際連合においては、委任統治領の理念を継承しながらも、同時にアメリカの国家安全保障政策と整合するような条文が必要となるであろう。

一九四四年から四六年にかけて、アメリカ政府内での対外脅威認識に変化が生じる。その間に、ドイツの降伏、そして日本の降伏を経験して、次第に日独両国ではなくて、ユーラシア大陸の心臓部を支配するソ連こそがアメリカにとっての脅威ではないか、と考える政府高官が影響力を増していくのである。

米軍内でも、すでに戦時中から、戦後の世界でソ連との関係が悪化して、ソ連がアメリカにとっての潜在的な脅威となる可能性を懸念していた。ただし、これはあくまでも長期的な防衛計画であって、短期的にはアメリカはソ連との協力によって戦後処理を進めていく必要があった。

レズリー・グローヴス

レズリー・グローヴス将軍は、「これは今後一〇年を見据えた計画ではなく、今後五〇年から一〇〇年を見据えた計画だ」と語っていた[18]。長期的な視野からアメリカの国家安全保障を考えるならば、海洋優勢と航空優勢の確保が不可欠であった。そのためにも第二次世界大戦後の世界において、西太平洋における海外軍事基地の確保は重要な意味を持っていたのだ。

制空権と航空戦力

アメリカ政府が戦時中に、このようなかたちで西太平洋の島嶼を支配下に収め、太平洋を「アメリカの海」にすることに強く固執することになった背景には、第二次世界大戦を契機に、戦略環境が劇的に変化を遂げたことも大きい。

「将軍はいつも一つ前の戦争を戦う」という格言がある。

これはウィンストン・チャーチルの言葉として一般的に引用されるが、すなわちそれは軍人たちが、自らが経験した一つ前の時代の古い戦争に依拠して、戦略を立案する傾向が強いことを示唆するものである。これはとりわけ、第二次世界大戦時の日本陸軍と日本海軍の多くの軍人たちに見られる傾向であった。

日本の陸軍と海軍の指導層にとって、最後に戦った劇的な戦争は日露戦争であった。そこでは、ロシア海軍のバルチック艦隊を日本海で待ち受けて、艦隊決戦で衝撃的な勝利を収めた記憶が色濃く残ることになる。したがって、海軍内の主流は、自らの歴史的記憶、および軍事教育の中で、そのような艦隊決戦により戦局が決定的に左右されると、その後は硬直的に思考するようになってしまっていた。そのような思考を有する人物は、昭和の時代にはいると、国際協調主義に基づいて条約遵守を優先する「条約派」に対抗する勢力として、強大な艦隊の編成を優先する「艦隊派」と、海軍内で称されるようになる。

艦隊派からすれば、重要なのは巨大なドレッドノート型の主力艦であって、艦隊決戦であった。そのような固定観念に束縛された結果、必要とされる新しい戦略に十分に適応することができなくなっていた。古い時代の、古い軍事技術に支えられた、古い軍事戦略が、帝国陸軍や帝国海軍の教育訓練組織では硬直的に教えられていた。そしてそれに変更を加えることや、戦略環境の推移を柔軟に思考することは、容易ではなかった。

第二次世界大戦は、それ以前の戦争概念を根底から覆すような、軍事技術と軍事戦略の革命的変化が数多く見られた。そのもっとも大きなものは、はじめて本格的に航空戦力（エアパワー）が使用され、それを活用した制空権の確保が大きな意味をもつようになったことである[19]。すでに第一次世界大戦の頃から、空軍力は利用されていたのだが、それは限定的な利用にとどまっていた。また、一九三一年の満州事変の後に、日本の陸軍は一般市民も対象に含んだ無差別の戦略爆撃を中国大陸で行っていたが、それは本格的な国家間の総力戦には至らない規模での軍事力の行使であった。

第二次世界大戦の際に、そのような軍事技術や軍事戦略の変化をもっとも巧みに導入したのが、ドイツ軍の「電撃戦（ブリッツクリーク）」による大規模な戦略爆撃であり、さらにはアメリカ軍の爆撃機の大量生産と攻撃型航空母艦の活用である。フランスやイギリスでは、開戦前からシャルル・ド・ゴールやウィンストン・チャーチルのような、機動力や航空戦力の重要性を指摘する軍人や政治家が存在した。だが、彼らの主張は少数派であったために、ドイツ軍の機動部隊や航空戦力による「電撃戦」に圧倒される悲劇を経験する。第二次世界大戦の緒戦におけるドイツ軍の優位は、何よりも、機動力と航空戦力の活用によって支えられていた。

「海防上の大変革」

日本の真珠湾攻撃の作戦を立案した山本五十六海軍大将は、そのような戦略環境の変化を鋭く洞察して、早い段階から航空戦力の重要性を主張し、それを作戦に導入していた世界でも希有な存在であった。時代の趨勢を見抜いて、自国の安全を確保するために長期的に必要な戦略を洞察する力を有していたのだ。山本は将来の戦争が航空戦力主体になると認識して、一九二〇年代末頃から繰り返し、航空母艦を中核的な戦力として活用する重要性を海軍内で説いていた。一九四一年、連合艦隊司令長官となった山本は、空母を活用した艦載機による真珠湾攻撃を計画した。まさに画期的で驚くべき作戦であって、それは一定の戦果を得ることとなった。

しかしながら海軍内の主流派は硬直的に艦隊決戦の重要性にこだわっていたために、十分な予算を航空戦力の整備に割くことは困難であった。結局海軍は、戦艦大和と戦艦武蔵という、規格外のスケールの二つの巨大な主力艦を建艦することに大きな予算を割くことになった。だが、制空権の確保ができない状況では、この二つの巨艦は、航空戦力による激しい爆撃から逃れることは難しく、実際の海戦で十分な戦果を挙げることは困難であった。それは不幸にして、その後の歴史が証明することになる。他方で、アメリカ海軍は開戦後に急速に空母の建艦を進めて、航空戦力を駆使して海戦を有利に進めるようになり、太平洋での制空権と制海権を確保するようになった。

開戦の少し前の時期にかつて山本が務めた海軍航空本部長の地位にあったのが、井上成美海軍中将であった。井上は、この時期に最も強硬に航空戦力を整備する必要を説いていた海軍の軍人であった。井上は、一九四一年一月三〇日に及川古志郎海軍大臣宛に送った「新軍備計画論」と題する報告書において、次のように論じていた。すなわち、「潜水艦及航空機の発達は海防上の大変革を来し、旧時代の海戦の思想のみを以ては、何事も之を律するを得ざることに注意の要あり[20]」。

井上は、「海防上の大変革」に注目して、制空権が制海権をも支配する新しい時代が到来したことを前提に、艦隊決戦に固執する海軍首脳部を批判したのである。しかしながら、制空権と航空戦力の重要性を主張する井上のような声は、海軍指導層のなかでは少数派にとどまっていた。海軍内部の教育課程では、過去の海戦、とりわけ日露戦争の記憶があまりにも強く、そこでの成功物語に拘束されてしまっていたのだ。

山本五十六

井上成美

日米の島嶼戦

アメリカでは興味深いことに、海軍軍人ばかりでなく陸軍軍人もまた、このような太平洋地域における戦略環境の変化に敏感であった。彼らは航空戦力と航空基地の重要性を十分に認識するようになって、それを前提に太平洋における島嶼戦を展開していった。それに対して、日本の軍人の主流派がそのような戦略環境の変化と航空戦力の重要性の増大を十分に理解していなかったことを、軍事史家である田中宏巳防衛大学校名誉教授は厳しく批判する。[21]

そのような戦略環境の変化を前提にするならば、西太平洋における日米間の戦争においては、伝統的な海軍力を増強することに加えて、陸軍と海軍が協力して十分な航空戦力を活用して制空権を確保することが重要となっていたことを理解しなければならなかった。さらには、それらの航空戦力を駆使できるような太平洋島嶼における飛行場を保有することが、死活的に重要であった。そのためには、陸軍の兵力を太平洋島嶼に配備して、制空権を確保するために離発着可能な滑走路を防衛することが不可欠である。その重要性を日本陸軍が認識して、関東軍の精鋭部隊を南太平洋戦線に投入するようになったのは、戦争が終わりに近づく頃であり、あまりにも遅すぎた。

田中は、軍人としてのマッカーサーの先見性を次のように賞賛する。すなわち、「日本の陸軍軍人には、島嶼戦について関心を寄せ、多少なりとも調査研究した例がほとんど見当たらないことを考えると、陸軍軍人であったマッカーサーが島嶼戦の構想を早くから持っていたらしいことは驚異である」[22]。そして、開戦直後のしばらくの時期は苦戦と後退を強いられたマッカーサーは、実際にそのような島嶼戦を巧みに展開することで、オーストラリアからパプアニューギニア、フィリピンへとアメリカの兵力を進めていったのである。

島嶼部で飛行場を奪取するためには、まず最初に陸軍航空隊の重爆撃機を用いて、敵地に大規模な爆撃を行って、それから海上部隊の艦砲射撃を行い、さらに上陸して海兵隊や陸軍部隊によって地上戦を行う必要がある。このように、マッカーサーは陸海空の三戦力を有機的に用いて、

「三位一体戦」を戦っていた。[23] それがアメリカ軍が戦争を有利に進めていくようになる背景であった。

事実、マッカーサーが指揮する南西太平洋方面軍は、豪軍主体の陸軍部隊、米軍主体の航空部隊、そして米軍主体の海軍部隊の連合混成軍であった。これは、マッカーサー自らの希望というよりは、主力の戦力をヨーロッパ戦線へと送っていたことからの、戦力の不足がもたらしたやむを得ぬ事情によるものでもあった。いずれにせよ、マッカーサーは独創性と柔軟性を持って、自らに有利なかたちで戦争を進めていった。田中によれば、「軍学校や部隊で教育されたことを絶対的に正しいと信じた日本軍指導者には真似のできない芸当で、発想だの創造力だのは、日本の将校が最も苦手とするところ」だった。[24]

航空戦時代の到来を誰よりも早く認識していた山本五十六長官が立案した真珠湾攻撃作戦は、空母機動部隊の航空戦力を用いて遠方の軍事目標を攻撃する、世界ではじめての画期的な例となった。しかし、そこから教訓を得たのはそれに成功した日本軍ではなく、皮肉なことに屈辱的な被害を受けた米軍であった。田中は、「米海軍は日本海軍の画期的戦例を模範として、大機動部隊を建設し、艦載機の猛襲によって敵の軍事拠点を破壊し、海兵隊が上陸作戦を敢行する構想を立てた」と述べる。[25] そのような戦略的な構想の柔軟性こそが、アメリカの勝利を支える上での大きな要因のひとつであった。

そして、このような制空権と航空戦力の重要性に関する認識や、島嶼を確保して飛行場を保有する重要性の認識が、戦後のアメリカの国家安全保障認識に多大な影響を及ぼす。戦争の経緯が、戦後の平和を規定する。すなわち、戦後世界でアメリカが安全を確保するためには、西太平洋の制空権と制海権を支配することが不可欠と考えられるようになっていたのである。そして、そのような認識こそが、アメリカ政府内、とりわけアメリカ軍部内での戦後構想の方向性を決定していった。

戦後構想のなかの太平洋

西太平洋の戦場で司令官のマッカーサーが有利に島嶼戦を戦っている一方で、統合参謀本部のなかではアメリカの国家安全保障を考慮した戦後構想が検討されていた。はたして戦後世界で、アメリカはいかにして自らの国家安全保障を確かなものとすることができるのだろうか。どのようにして平和を維持できるのだろうか。

戦争指導がいかに進められるかという問題と、どのような戦後秩序が形成されるかという問題は、不可分の関係であった。戦場における圧倒的なアメリカの貢献を考慮すれば、戦後にアメリカが太平洋で指導的な位置に立つことは明らかであった。日本の敗北が確かなものとなりつつあり、その影響力が崩壊していくなかで、アメリカはこの地域の平和と安定のために特別な責任を有するようになる。

それでは、アメリカは戦後にどのような秩序をこの地域で確立すべきだろうか。アメリカ政府とイギリス政府は、一九四二年以降、戦後構想の一環として新しい「世界機構」創設の準備作業を始めていた。アメリカのローズヴェルト大統領は、これに関連して、戦後の平和を確立して維持するためにも、「国際警察軍」が必要になると考えていた[26]。そして、世界平和を担保するためのそのような「国際警察軍」を、アメリカを中心に創設し、その際に必要な軍事基地を、どのような場所に確保すべきかを検討するようになる。

米軍としては、戦後世界でアメリカの国家安全保障を確かなものにするためには、可能な限り自由にアメリカが利用可能な海外基地を確保したかった。一九四三年、陸海軍最高司令官（大統領）付参謀長のウィリアム・リーヒ海軍大将を中心に、統合参謀本部のなかで「太平洋横断の航空路ならびに国際警察軍の空軍施設」（JCS一八三）と題された研究がスタートした。同年中に作成された報告書では、当初の「国際警察軍」として利用すべき空軍基地という発想を拡大解釈して、「米国の国家安全保障と国益の観点から明確にきわめて重要」と考える地域として、ハワイ諸島、ウェーク島、南鳥島、マーシャル諸島、カロリン諸島、パラオ諸島、マリアナ諸島、小笠原諸島、フィリピン、台湾、そして朝鮮半島が指摘され、そこでの軍事基地の確保の必要が説かれていた[27]。

フランクリン・ローズヴェルト

これは、すでに述べたようにこれらの島嶼で激しい戦闘が行われている時期と重なっていた。戦争目的と、戦後構想が、同じコインの表と裏のように一体となっていた。そして、何よりも、戦争で予想以上の犠牲を被る中で、次第にアメリカの国家安全保障が最優先されて考えられるようになっていく。米軍は、この地域で日本軍との戦いを有利に進めながら、同時に戦後のこの地域での制空権と制海権を確保できるような条件を求めていた。

一九四三年一一月に米軍内で極秘に作成されたJCS五七〇の文書では、「対日戦争に使用される基地」と「四大国によって維持されることになる予定の基地」と、二種類の基地の位置を記した地図が含まれている。[28] このことが、まさに戦争指導と戦後構想が表裏一体となっていたことを如実に物語っている。この文書に目を通した陸軍航空隊のアーノルド少将は、「われわれは、空軍基地の獲得とその維持を、米国の将来における安全保障にとって最重要事項であると考える」と述べている。リアリストであったローズヴェルト大統領も、その意味を理解して、米軍の管理地域の確保と拡大の必要性を統合参謀本部に伝えた。[29]

「力の真空」を埋めるアメリカ

アジア大陸では大日本帝国が崩壊したのちに、ソ連と中華民国がその「力の真空」に自らの支配地域と影響力を拡大していった。他方で、太平洋においてはアメリカがその「力の真空」を埋めるべく、戦時中から米軍内部で検討作業を行っていた。

自らの国家安全保障の脆弱性を痛感し、戦後世界でより一層確かな安全を確保することを欲して、アメリカ、ソ連、中華民国の三国は、それぞれ異なる視点とアプローチからこれらの地域でより広大な勢力圏と、より確かな緩衝地帯、そしてそれらを支えるための軍事的拠点を確保することが必要だと考えていた。そして、大日本帝国の崩壊による「力の真空」を、連合国の主要国が埋めようと勢力を拡張する中で、互いが衝突するようになり、それが戦後の摩擦や紛争に繋がっていく。
次第に終戦の可能性が見えてくるなかで、連合国諸国の関心は戦後構想へと移っていった。アメリカも、ソ連も、中国も、枢軸国との戦争における人的および物的な被害の規模の大きさや、戦争を通じて増幅された心理的な恐怖心からも、戦後世界でより確かな形で自国の国家安全保障を確保することを求めていた。それゆえ、アメリカのアーネスト・キング海軍作戦部長は、一九四五年に次のように述べている。

「これらの環礁と島々の港湾は米国人の血の犠牲によって勝ち取られたのである。われわれの防衛に不可欠なこれらの基地の維持に失敗することがあってはならない。どれだけの間、米国は戦い続け、島々を奪取し、またそれらを手放し、そしてまた戦い、建設し、勝ち、また手放すことを繰り返すのか(30)」

戦後世界において、アメリカはなんとしても太平洋を自らの支配下に置く必要があった。それによってはじめて、アメリカは自国民の安全を確立することができるのだ。このような思考こそが、アメリカ政府を突き動かしていった。

他方で、かつてウッドロー・ウィルソン大統領が掲げたような「民族自決」の崇高な理念や、一九四一年の大西洋憲章に書かれているような「領土不拡大」、さらには一九四五年六月に調印される国連憲章に含まれている集団安全保障による国際社会の平和と安全の構想は、大きく後景に退いていった。あるいは、そのような理念と整合するような形で、アメリカは自らの要求を実現していこうと考えていた。たとえ大西洋憲章や国連憲章が掲げる崇高な理念を強く信じて新しい合意や枠組みをつくったところで、かつての国際連盟がそうであったように、それが必ずしもあらゆる諸国の安全を確保してくれるとは限らない。とりわけ、戦争で多大な犠牲を被った諸国民にとってみれば、自国が攻撃を受けたり、参戦しなければならなくなったりすることがないように、より確かな国家安全保障を確保したかった。

この点について、アメリカの歴史家であるナンシー・タッカーは、次のように論じている。すなわち、「アメリカの太平洋地域全域にわたる覇権の樹立は、安全を著しく強化するはずの軍事基地網の創設の結果であるとともに、また基地網の形成を容易にするために計画されたものでもあった[31]」。

太平洋地域でそれを実現する上で、とりわけ重要な役割を担うのが、連合国軍最高司令官（SCAP）に就任した戦争の英雄、ダグラス・マッカーサーであった。それゆえ、次に、マッカーサーがどのようにしてこの地域に平和をもたらそうとしたのか、そしてどのようにしてその限界に直面したのかを見ていくことにしたい。

3　マッカーサーの平和

マッカーサーの到着

一九四五年八月三〇日、昭和天皇による玉音放送から半月が経過したこの日の午後二時一五分に、マニラを出発したC－54輸送機の「バターン号」が厚木飛行場に到着した。

マッカーサーが厚木飛行場に降り立つ様子を、長年彼の副官を務めていたコートニー・ホイットニー将軍が、次のように鮮明に描写している。

「機は飛行場にすべり込み、マッカーサーはコーン・パイプを口にくわえて、機から降り立った。彼はちょっと立ちどまって、あたりを見回した。空は青く輝き、羊毛のようなちぎれ雲が点々と浮んでいた。飛行場に照りつける日ざしでコンクリートの滑走路とエプロン（格納庫前の舗装場所）にはかげろうがゆらいでいた。飛行場には他に数機の米機があったが、そこらにいるわずかな数の武装した連合軍兵士は恐ろしく心細い兵力にみえた[32]」

厚木飛行場に降り立ったマッカーサー

つい少し前まで敵国であった日本に上陸した瞬間の、ホイットニーの心細さと不安、そしてそれに対して新しい統治者として威厳を保ち、威風堂々たる容姿を示そうとするマッカーサーの演出のコントラストが興味深い。マッカーサー自ら、歴史の主人公となることを意識して、入念に準備をした演出であった。いよいよマッカーサーによる日本統治が始まる。新しい時代が幕を開けようとしていた。

厚木飛行場で自動車に乗り込んだマッカーサーやホイットニーは、その後横浜に向かうことになった。宿舎となっているホテルニューグランドに滞在するためである。

マッカーサーは、戦争前の一九三七年に妻となるジーンとニューヨークで挙式を行った後に、勤務地のフィリピンに向かう途上でこの横浜のホテルニューグランドに泊まっている。思い出の場所である。[33] ここから徒歩一〇分ほどの横浜税関の建物を接収して、米太平洋陸軍総司令部（GHQ／USAFPAC）とした。

日本に到着したのはマッカーサーが属する米陸軍の陣容だけではなかった。マッカーサーとともに太平洋戦線で死闘を繰り広げた、米海軍の太平洋艦隊第三艦隊も到着する。ハルゼー海軍大将乗艦の旗艦「ミズーリ」に率いられた第三艦隊が東京湾に入り、八月三〇日には横須賀港に入港している。このミズーリ艦上で、三日後に降伏文書調印の式典が行われる予定であった。ここに、米陸軍と米海軍を代表する軍人たちが、日本に結集する。

さらには、シンガポール陥落時の英軍司令官のアーサー・パーシヴァル陸軍中将や、コレヒドール島で降伏したウェーンライト米陸軍中将も、三一日に日本に到着している。[34] 二人は日本軍の捕虜収容所に収容されて、その後満州の奉天に移送されて、三年の長期にわたって抑留されていた。終戦後はマニラに送られて、それから空路日本にやってきたのだ。彼らは、過酷な捕虜の経験を経て、疲労と屈辱を背負っていた。名誉を回復しなければならない。

ウェーンライトは、バターン半島とコレヒドール要塞でマッカーサー司令官を補佐して、その後に日本軍に投降していた。オーストラリアへと逃亡に成功したマッカーサーは、捕虜となったウェーンライトと再会することを熱望していた。三一日の夜にホテルで痩せこけたウェーンライト将軍と再会したマッカーサー元帥は、「君を救うために、粘りに粘って帰ってきた」と語った。[35]

マッカーサーはウェーンライトと抱擁して、目には涙を浮かべていた。

日本を舞台として、戦争の厳しい時代を生き延びた軍人たちの感動的な再会の物語が見られた。それらの軍人たちが次に出会うべき相手は、降伏文書調印式典においてともに文書に署名をすることになる日本政府代表であり、日本軍部代表であった。それはどのような出会いとなるのであろうか。

重光葵の覚悟

連合国側の軍事指導者が日本に結集したのは、九月二日の東京湾上での日本の降伏文書調印式に参列することが主たる理由であった。マッカーサーの優れた評伝を執筆した増田弘立正大学特任教授によれば、降伏文書調印式が、マッカーサーが本来希望していた皇居の宮城ではなく、ミズーリ艦上で行われることになったのは、第一に洋上であれば好戦的と思われていた日本の軍人に妨害されないこと、第二に「ミズーリ」とはトルーマン大統領の故郷でありその娘が戦艦を命名したこと、第三に陸軍軍人のマッカーサーが海軍に花を持たせたためであった(36)。

九月二日の早朝にホテルを出発したマッカーサーは、午前八時半過ぎに降伏文書調印式が行われるミズーリに乗艦した。艦上のデッキには、歴史的な瞬間を一目見ようとするアメリカの軍人たちが集まっていた。多くの者は、戦争の勝利を喜ぶとともに、歴史が動く瞬間を自らの目で確かめたかったのだ。マッカーサーがそれを許可した結果として、艦上はあまりにも多くの軍人たちで溢れかえっていた。このようにして、アメリカ海軍が誇る最大規模で、最新鋭の主力艦ミズーリは、日本軍の降伏と戦後日本の出発のための歴史の舞台を提供することになった。
降伏文書調印式に日本を代表して参列していたのは、重光葵《まもる》外相と梅津美治郎《よしじろう》陸軍参謀総長の二人であった。この二人が全権代表として、午前九時から開始される調印式に臨むことになる。このような屈辱の場において日本を代表することは当然ながら、日本の指導層の多くが忌避するところであった。

重光の回想によれば、多くの者が「戦争の終結、降伏の実現について責任を負うことを極力嫌忌して、その仕事に関係することを避けた」。というのも「この空気において降伏文書の調印に当ることは、公人としては破滅を意味し、軍人としては自殺を意味する、とさえ考えられた」からであった。(37)

重光はそのような重い責任から逃げなかった。なぜなら「自ら久しく待望した終戦が、遂に実現したのみならず、今やその決定的最後手続を処理する地位にあるのであるから、精神をこめて事に当り、専心、重大なる最後の御奉公をする覚悟であった」からだという。そして、「爆弾に見舞われるくらいは予期したところであったが、それよりも何よりも、降伏が日本の将来を生かす道であることを、心から祈った」のである。(38)

「爆弾に見舞われるくらいは予期した」とあるが、重光は駐華公使として参列していた一九三二年四月二九日の上海における天長節の祝賀式典において、朝鮮独立運動家の爆弾テロによって重傷を負い、片足を失っている。片足のみの歩行で、杖をついて歩かなければならない重光にとって、最大級の主力艦であるミズーリの甲板に昇るために梯子を上がるのは、容易なことではなかったろう。

重光は、全権代表として降伏文書調印に当たる前に、天皇に拝謁している。そこで重光は、降伏文書調印を前向きに捉える強い意志を語り、「降伏文書に調印するということは、実に我が国有史以来の出来事でありまして、勿論不祥事であり、残念でありますが、これは、日本民族を滅亡より救い、由緒ある歴史及び文化を続ける唯一の方法でありますから、真に已むを得ないことであります」と内奏した。さらには、次のように述べて、戦後日本への明るい希望を語った。

ミズーリ艦上で杖をついて立つ重光葵

「ポツダム宣言の要求するデモクラシーは、その実、我が国がらと何等矛盾するところはないのみならず、日本本来の姿は、これによって却って顕われて来ると思われます。かような考え方で、この文書に調印し、その上で、この文書を誠実に且つ完全に実行することによってのみ、国運を開拓すべきであり、またそれは出来得ることと思われます[39]」
この言葉に天皇は強く共感し、「まことにその通りである」と返答した[40]。この二人は、暗い時代にかすかな光を見ていたのだ。
降伏文書調印式に参列する重光、そしてそれを宮城から見守る天皇はともに、戦後の日本の再出発に少なからぬ希望を抱いていた。否、希望を抱かなければならなかった。二人とも異な

高司令官として東京に駐留しているマッカーサーの存在であった。

マッカーサーの統治

権威主義的な人格と、類い希な指導力に恵まれたマッカーサーは、日本占領において圧倒的な存在であった。そのことは、マッカーサー自らが深く自負するところであった。

マッカーサーは、回顧録の中で次のように記している。すなわち、「私は日本国民に対して事実上無制限の権力をもっていた。歴史上いかなる植民地総督も、征服者も、総司令官も、私が日本国民に対してもったほどの権力をもったことはなかった。私の権力は至上のものであった」[49]。

マッカーサーは、過剰ともいえるほど、自らが有する権力の大きさを感じ取っていた。増田弘はマッカーサーの伝記のなかで、それゆえに、「それほど日本の占領はマッカーサーによる占領であり、マッカーサーによる占領こそが日本の占領であった」と述べている[50]。

同様に、アメリカの外交史家であるマイケル・シャラー・アリゾナ大学教授も、次のようにマッカーサーの巨大な存在感を描写している。

「日本占領は、その発端から最高司令官と同義語だった。ドイツ占領を管理した人物（ルシアス・クレイ将軍、後にジョン・J・マクロイ）の名前をあげられるアメリカ人はほとんどいないが、東京で最高位についている人物の名前はほとんどの者が知っていた。降伏の七か月後に日本にやって来たあるアメリカ人は、『占領があまりに人格化されている』ことに驚いたことを覚えている。『あらゆる占領行動、あらゆる政策、あらゆる決定がマッカーサーによるものであった』。彼

続ける。

「この厳粛なる決意により、過去の流血や蛮行に終止符を打ち、人間の威厳に献身し、自由、寛容、正義という人類多数の願望を達成するようなより良い世界が出現することは、私の希望であり、また全人類の希望でもある」[43]

それは、壮大な、文明史的な使命であった。マッカーサーは自らを、巨大な歴史を動かす主役に位置づけたのだ。このときマッカーサーの背後には、色あせた古い星条旗がたなびいていた。それは、九二年前にペリー提督が日本に開国を迫ったときに、その旗艦サスケハナに掲げられていたものであった。歴史家の増田弘は、「日本開国の立役者ペリーと自己とをダブらせていたのかもしれない」と指摘する[44]。

続いて、日本政府を代表して重光葵外相が、そして大本営を代表して梅津美治郎参謀総長が、それぞれ降伏文書に署名した。ついに長く苦しい戦争が終わる瞬間が訪れた。この降伏文書の調印をもって、日本と連合国との間の戦争は終止符が打たれる。多くの政府首脳が、このような不名誉な役割を担うことを忌避していたのに対して、重光と梅津はあえてこの舞台に自ら登場する決断をした。溢れるほどのアメリカの軍人たちに包囲されて、順次この降伏文書に自らの名を刻んだ。すべての署名者がペンを取って、自らの名前を記したことで、日本の降伏が決定した。この降伏文書には、次のように記されている。

「下名はここに日本帝国大本営ならびに何れの位置にあるを問わず一切の日本国軍隊および日本国の支配下にある一切の軍隊の連合国に対する無条件降伏を布告す」

さらには、この文書の最後部には、次のように書かれている。

「天皇および日本国政府の国家統治の権限は本降伏条項を実施するため適当と認むる措置を執る連合国最高司令官の制限の下に置かれるものとす」[45]

よく知られているとおり、ここで記されている「連合国最高司令官の制限の下に置かれる」という表現は、原文では「従属する（subject to）」という言葉が用いられている。そもそも、この文言は、一ヵ月ほど前の八月一〇日の、天皇の「聖断」によるポツダム宣言受諾方針決定への、アメリカ政府の八月一一日の回答のなかに含まれていたものであり、そこでは「天皇及び日本国政府の国家統治の権限は……連合国最高司令官に従属（subject to）するものとす」と書かれていた[46]。それがこの降伏文書調印の際には、外務省による「意訳」によって、より日本国民に受け入れ可能な言葉へと変更されていた。天皇陛下が、連合国軍最高司令官のマッカーサーに「従属する」のでは、あまりにも国民の抵抗が強かったであろう。

だが、実際には連合国軍最高司令官としてのマッカーサーの権限は圧倒的であった。したがって、日本国民、そして間接統治の占領のなかで日本の再建を担う日本政府にとっても、このマッカーサーとの関係構築が、戦後日本の運命を左右することを意味した。

このような壮大な演出を伴った調印式について、裏方を務めた米軍のある大佐は、その意味するところを次のように的確に描写していた。

「あれが一つの演技であるとすれば、素晴らしい演技であり、それは必要なことであった。なぜならマッカーサーは連合国軍最高司令官で、しかも天皇を通して日本を支配する役割を担ってい

た。そこで、天皇以上の威厳を、日本国民に対して示さなければならなかったからだ」(47)

他方で、太平洋を越えた向こう側のアメリカ大陸の東海岸では、トルーマン大統領がこの降伏文書調印式典を歓迎し、またそれによる平和の到来を祝福した。それは同時に、戦後の到来でもあった。新しい戦後の時代において、アメリカは圧倒的な力とともに、圧倒的な責任を背負うこととなる。第一次世界大戦後にそのような責任から逃避したときとは異なり、第二次世界大戦後のアメリカはそのような降り注ぐ巨大な責任を実感し、それを受けとめる覚悟であった。トルーマンはアメリカ合衆国大統領として、この日本全権代表による降伏文書調印を受けて次のようなラジオ演説を行った。

「勝利は喜びをもつと同様、義務と責任を伴います。しかし私たちは、大きな自信と大きな希望とをもって、将来とすべての危険に向かうわけです。米国は、自ら活用と安全の道を樹立することができます。国連とともに米国は、正義と公平と寛容の上に立つ平和の世界を築くことができます。

米国大統領として私は、一九四五年九月二日の日曜日を対日戦勝の日、日本が正式に降伏した日として宣言します。それは戦争あるいは敵対行為停止の正式宣言の日ではありません。この日より私たちは出発するのです。新しい安全な時代に向かって出発します。他の国連諸国とともに新しいよりよい平和の世界と、国際的善意と協力に向かって進みます」(48)

そのような巨大な国際的な責任を実行していく上で、米軍による日本占領の成功は一つの重要なショーケースとなるであろう。そして、日本占領を成功させる上で鍵となるのが、連合国軍最高司令官として東京に駐留しているマッカーサーの存在であった。

マッカーサーの統治

権威主義的な人格と、類い希な指導力に恵まれたマッカーサーは、日本占領において圧倒的な存在であった。そのことは、マッカーサー自らが深く自負するところであった。

マッカーサーは、回顧録の中で次のように記している。すなわち、「私は日本国民に対して事実上無制限の権力をもっていた。歴史上いかなる植民地総督も、征服者も、総司令官も、私が日本国民に対してもったほどの権力をもったことはなかった。私の権力は至上のものであった」(49)。

マッカーサーは、過剰ともいえるほど、自らが有する権力の大きさを感じ取っていた。増田弘はマッカーサーの伝記のなかで、それゆえに、「それほど日本の占領はマッカーサーによる占領であり、マッカーサーによる占領こそが日本の占領であった」と述べている(50)。

同様に、アメリカの外交史家であるマイケル・シャラー・アリゾナ大学教授も、次のようにマッカーサーの巨大な存在感を描写している。

「日本占領は、その発端から最高司令官と同義語だった。ドイツ占領を管理した人物（ルシアス・クレイ将軍、後にジョン・J・マクロイ）の名前をあげられるアメリカ人はほとんどいないが、東京で最高位についている人物の名前はほとんどの者が知っていた。降伏の七か月後に日本にやって来たあるアメリカ人は、『占領があまりに人格化されている』ことに驚いたことを覚えている。『あらゆる占領行動、あらゆる政策、あらゆる決定がマッカーサーによるものであった』。彼の名前はいたる所に見られたが、他の幹部の名前はどこにもない。彼も、検閲下に置かれた日本の新聞も、マッカーサー以外の者が政策を形成したなどと示唆することはなかった。事実上たった一人の人物が、『日本人に関する限りアメリカ政府を体現していた』のである」[51]

東京でマッカーサーが連合国軍最高司令官として巨大な権力を擁しているなかで、ワシントンD.C.のトルーマン大統領とマッカーサーがどのような関係を構築するのかは、緊張をはらむ問題であった。九月六日、アメリカ政府の日本占領政策の基本方針を記した「初期の対日方針」の文書がトルーマン大統領によって承認され、九月二二日にはディーン・アチソン国務次官によって公表された[52]。

そこでは、「降伏後の日本国に対する初期の全般的政策」として、その「究極の目的」が書かれている。初期の政策としては、二つの大きな目的が存在する。第一の目的は、「日本国が再び米国の脅威となりまたは世界の平和および安全の脅威とならざることを確実にすること」である[53]。いわば、アメリカの国家安全保障政策の延長線上に、この対日占領政策が位置していることが理解できる。そして、第二の目的は、「他国家の権利を尊重し国際連合憲章の理想と原則に示されたる米国の目的を支持すべき平和的かつ責任ある政府を究極において樹立すること」である[54]。日本がそのような平和国家となることが、アメリカの対日占領政策のもっとも重要な目的と位置づけられていた。それはまた、アメリカの安全とこの地域の平和を考える上でも必要な措置であった。

その後、一一月三日に統合参謀本部が承認したアメリカ政府文書、「日本占領および管理のための連合国最高司令官に対する降伏後における初期の基本的指令」がマッカーサーに送られて、この基本的指令を基礎としてアメリカの対日占領政策が進められることになる。この「初期の対日方針」と「初期の基本的指令」の二つの文書に従って、マッカーサーは占領政策をかたちづくっていく。(55) これ以降マッカーサーは、自らの圧倒的な権力や権威を牽制するホワイトハウスや国務省との間で、占領政策の権限をめぐり衝突や緊張を繰り返すことになる。

マッカーサーが指揮する東京の連合国軍最高司令官総司令部（ＧＨＱ）が衝突する相手は、ホワイトハウスばかりではなかった。「戦勝国」として、戦後処理に関与する立場にあるソ連、イギリス、中国もまた、対日占領政策をめぐり自らの権限の拡大を要求するようになる。マッカーサーは連合国軍最高司令官として、アメリカ、ソ連、イギリス、中国などの戦勝国を代表する立場にあったが、事実上は米軍の指揮官で、在日米軍と在韓米軍を指揮する司令官として行動をしていた。

このようにして、戦争終結とともに、マッカーサー最高司令官、トルーマン大統領、そして連合国のその他の指導者たちの間での、水面下での提携と摩擦がこれ以後には重要な問題《イシュー》となっていく。

連合国の諸大国の立場

連合国の一員であるソ連やイギリス、中国の政府代表は、マッカーサーと直接緊密に協議して決定をする機会を持つことはほとんどなかった。それゆえに、ソ連、イギリス、中国は対日占領政策において自らが影響力を行使できないことに、繰り返し不満や抗議を表明していた[56]。そのような不満は、対日戦に一定の役割を担ったのだという自負心から生み出されたものであろう。このように、一九四五年九月から一二月までの間、連合国の間で対日占領政策の権限をめぐって軋轢が生じるようになっていく。

一九四五年八月一四日の、イギリスのベヴィン外相からバーンズ米国務長官宛ての電報において、ベヴィン外相は九月に開催されるロンドン外相理事会（ＣＦＭ）で、「日本に関する諸問題を協議することが、疑いなく重要となるであろう」と指摘していた[57]。対日戦勝記念日（ＶＪデイ）を迎え、戦後のアジア太平洋地域を安定化させる上で、戦勝国間で大日本帝国崩壊後の戦後処理について協議を行うことは、自然なことであった。はたして、敗戦国の日本に対して、連合国はどのような地位を提供するべきだろうか。

アーネスト・ベヴィン

しかしこの後、イギリス政府の態度に微妙な変化が生じていく。というのも、九月二日の降伏文書調印以降、本格的な対日占領が開始すると、連合国としてアメリカ一国が支配的な地位に立ち、それ以外の大国の影響力がきわめて限られていることがあまりに歴然となり、他方で、次第に敵対的な対外姿勢を顕著にしていくソ連が、この対日占領で役割を拡大していくことは、イギリス政府にとっても大きな懸念材料であったからである。すでに、対独占領政策において、ソ連政府は英米両国政府と激しく衝突し始めていた。そして、アメリカ政府が対日占領政策において他国の関与を排除しようとしていることは、明白であった。そのような状況のもと、イギリス政府は、対日戦の勝利に至るまでの経緯を鑑みて、対日占領においてアメリカが圧倒的に大きな責任を担うことは当然であって、やむを得ないことだと考えるようになる。たとえ自らが対日占領に一定程度以下の関与しかできなかったとしても、イギリス政府はアメリカの圧倒的な影響力の下で内側からアメリカ政府と提携することは可能だと考えた。

それについては、イギリス政府内の文書において、「アメリカの対日政策や太平洋政策が、アメリカとロシアとの間の衝突に帰結すると議論することは可能であり、またそのような状況に巻き込まれないためには、われわれは可能な限り水面下で行動するべき」だと書かれている。そして、「言うまでもなく、対日管理の問題が、われわれとアメリカ人との間での主要なイシューとならないように、強く望んでいる」と記されている。[58] イギリス政府は、対日占領政策をめぐってアメリカと衝突することも、米ソという超大国間の衝突に巻き込まれることも、可能な限り避けたい意向であった。

さらには、イギリス政府はアメリカ一国が対日占領で膨大なコストを担っていることを理解した上で、アメリカ政府内でそれへの不満が強まれば、いずれイギリスなどの他の大国にも責任の分担を求めるかもしれないと、恐れていた。それを防ぐためにも、アメリカ政府が自らの意志で、対日占領の責任を担うことが重要だと考えていた。だとすれば、イギリスはこれ以降も、アメリカと緊密な協力をして政治的な影響力を残しながらも、アメリカが優越的な地位から対日占領の負担を背負うことが望ましいはずであった[59]。

イギリス政府はこのように、自らの国力の限界と、アジア太平洋地域での影響力の制約から、アメリカと協力しながらアメリカ主導で対日占領政策が進展することを受け入れる意向であった。だが、ソ連の立場は異なっていた。次第に戦勝国間の不和が明確になりつつある中で、ソ連は自国の利益を追求し、国家安全保障のための措置をとるべく、強硬な主張を見せるようになっていく。そのような摩擦を解消するための交渉の舞台が、九月のロンドン外相理事会と、一二月のモスクワ外相理事会であった。はたして合意は可能であろうか。

ロンドン外相理事会

終戦が間近に迫っていた一九四五年七月一七日から八月二日まで、ベルリン郊外のポツダムで開かれた英米ソの三大国による首脳会談では、対日戦をめぐる戦争協力と、戦後処理問題をめぐる交渉枠組みについての協議がなされていた。日本においてはもっぱら前者のみが強調されて論じられることが多いが、ポツダム会談での中心的な議題はあくまでも、ドイツ占領をめぐる協議と、ヨーロッパの戦後処理についてであった。そして、重要なこととして、対日占領の問題とヨーロッパの戦後処理の問題がその後の半年ほどの間、相互に複雑に結びついていく。

それでは、戦勝国の間で戦後処理を協議するために新たに設置される外相理事会には、どのような大国が参加をするべきであろうか。イギリス政府としては、勢力均衡の観点からヨーロッパ大陸でソ連に対抗するためのカウンター・バランスとして、フランスの参加を強く要望した。

他方で、アメリカ政府はそこに中華民国が参加することによって、中華民国が戦後のアジアで責任ある大国として行動することを期待した。反対に、ソ連のスターリン首相は中国やフランスが講和問題の協議に参加することに抵抗感を示し、「何故中国がこの機関の構成国になるべきなのかわからないし、とりわけ、もしそれが第一にヨーロッパの諸問題を扱うとするならば、なおさらである」と批判した。[60]

ポツダム会談が開催される少し前に合意された国連憲章に基づけば、国連の安保理常任理事国は、アメリカ、ソ連、イギリス、フランス、中華民国という、「五大国」となるはずであった。他方で、ポツダム会談の結果として、ドイツ占領四大国は、アメリカ、ソ連、イギリス、フランスとなっていた。いかなる大国が、いかなる戦後処理問題の協議に参加するのか。その問いに対する明確な答えが見つからないまま、九月に第一回目の外相理事会をロンドンで開催する見通しとなった。

日本ではちょうど同じ頃にミズーリ艦上で降伏文書調印式典が開かれており、最終的に第二次世界大戦が終結したことを受けて、ロンドン外相理事会が開催される形となった。アメリカのマッカーサー元帥の下に巨大な権力が集中する中で、連合国としてどのように対日占領政策を進めていくのか。ロンドン外相理事会でも議論されることになるであろう。イギリス政府もまた、それへ向けた政府の方針をまとめていた。[61]

一九四五年九月一一日、アメリカ、ソ連、イギリス、フランス、中国の「五大国」の参加を得て、ロンドンのランカスター・ハウスで、第一回目の外相理事会が開催される。世界は、戦争の時代から平和の時代へと移りつつあった。開催国の外相であるアーネスト・ベヴィンは、その意義を次のように語った。「連合国の軍隊は、自らの任務を達成した。そして今、確固とした永続的平和の基礎を築くために任務を完了せねばならないのは、われわれ外務大臣である」(62)。そこには、ベヴィン英外相に加え、アメリカのバーンズ国務長官、ソ連のモロトフ外相、フランスのビドー外相、そして中国の王世杰《おうせいけつ》外交部長の五名と、その随員たちが参加していた。

まず理事会初日の会合では、手続き的な合意がなされた。五大国の全ての国が、外相理事会の協議に参加できるが、他方で講和条約起草については休戦協定の署名国、すなわちアメリカ、イギリス、ソ連の三大国のみが投票する権利があることが合意された(63)。

続いて、ソ連のモロトフ外相が、「自らの八月一四日の書簡の中では、この会議で日本について協議すべきと示唆をしておきながら、ベヴィン氏がいま提案している議題のなかには、日本に関する問題が含まれていないではないか」と質した。それに対してベヴィン外相は、いかなる政府も事前にこの問題を議題に含めるべきだとは要請していなかったではないかと反論し、さらには極東の問題についてはまだ具体的に協議すべき問題が十分に提起されていないことを理由に、日本に関する問題は含まれていないのだ、と説明した(64)。いうまでもなく、イギリス政府の本心はほかのところにあった。可能な限り、対日占領からソ連の影響力を排除したかったのである。

ヴァチェスラフ・モロトフ

対日占領ではアメリカのマッカーサーが圧倒的な存在感を示しており、またGHQがアメリカ政府の意向に沿って対日占領政策を進めていることに、ソ連政府は異議を唱えようとしていた。それを警戒したアメリカ政府がそのような要望を退けるとともに、イギリス政府はこの会議の議長国として、ソ連の関与を可能な限り排除するつもりであった。それゆえロンドン外相理事会ではベヴィン外相とモロトフ外相との間で、このような摩擦が見られたのである。

他方で、ソ連政府はこの外相理事会に、これから後も中国やフランスが加わり続ける見通しとなっていることについて、異議を唱えた。ロンドン外相理事会のさなかの九月二二日に、モロトフの部屋に呼ばれたベヴィンとバーンズは、三人のみで会議の進行方法について意見交換をすることになった。そこでモロトフは、「会議は今こそ見直されるべきであり、ロシア、アメリカ、イギリスの三ヵ国のみによって議論されるべきである」と強く主張した(65)。そして、もしもこのままの状況が続くのであれば、モロトフ自らはこれ以上会議には参加できないと述べ、会議から離脱して帰国する強硬姿勢を示し英米両国政府代表を脅した。

ソ連政府は、戦勝への貢献に応じた講和条約を作成するべきで、欧州戦線で戦っていない中国がヨーロッパ大陸の講和問題をめぐる協議に参加する資格はないと、強硬な態度を示していた。また、フランス政府が対日占領や極東の講和問題の協議に参加することも、同様にして反対であった。

連合国間の協力を象徴するべく開かれた外相理事会は、開会からわずか一〇日ほどで行き詰まり、先行きが見えなくなった。一ヵ月ほどのちの一〇月二四日には、「連合国」と同じ英語表記である「国際連合（ユナイテッド・ネーションズ）」が設立される予定であった。はたして、戦勝国であるアメリカ、ソ連、イギリスなどの大国が、協力して戦後秩序を形成することは可能なのだろうか。あるいは、相互の不信感、そして異なる国益や歴史経験、そしてイデオロギーの違いから、衝突をする運命なのであって、これ以上の協力は不可能なのだろうか。

こうして、外相理事会は第一回目のロンドンでの会議から、決裂の様相を示していた。そもそも議論の枠組みをめぐって、衝突をしてしまったのである。これについて、どうにか解決を模索しなければならない。そして、その解決方法こそが、その後の日本の運命に巨大な影響を及ぼすことになるのであった。

ソ連の交渉戦術

トルーマン大統領は自らの回顧録の中で、一九四五年九月のロンドン外相理事会に言及しつつ、ソ連と協力して戦後処理を進める難しさを次のように論じている。すなわち、「連合国の間で、戦争中はいろいろな意見の相違が押さえつけられていた。しかし、いまや共通の敵が屈伏したので、これらの意見の差が表面に出てきた。われわれは常にソ連と一致することのむずかしさを知っていた。しかし戦争直後の数カ月は、さらにむずかしいことがわかった」[66]。明らかにトルーマンは、ソ連の非協力的な姿勢に不満を募らせていた。

九月二二日にモロトフが、外相理事会からフランスと中国を排除することを強く要求したことによって会議が決裂すると、アメリカのバーンズ国務長官はトルーマン大統領宛に電報を送り、

「スターリンと個人的に話し合って会議のぶちこわしを防止するようにしてほしい」と求めた(67)。この日は土曜日であって、週末の時間を利用してトルーマン大統領は、ワシントンD.C.に面するチェサピーク湾のジェファーソン島で、休暇を楽しんでいた。停泊する大統領専用ヨットには暗号室があり、ロンドンで外相理事会に参加しているバーンズ国務長官から、電報を通じてその様子が伝わってきた。

この報告の中でバーンズ国務長官は、「これはモロトフが会議を去る口実であり、事実は米英がルーマニアを承認しないため、彼が憤慨しているのだと思う」と語っている。ソ連政府が自らの要求を押し通すために、ほかの問題で強硬な態度をとって、交換条件として自らの要望を実現しようとするのは、彼らの常套手段であった。外相理事会への出席、そして協議への参加の条件として、ルーマニアやブルガリアなどの東欧諸国をソ連の衛星国とすること、そして東欧諸国においてて自らの望むイデオロギーに基づいた政治体制を成立させることを、英米両国政府に認めさせようとしたのだ。そのための戦術として、対日占領政策にソ連自らが関与することを要求する姿勢を見せていたのである。

その後、トルーマン大統領は自らの名前で、スターリンに向けて電報を送ることを了承した。その内容は次のようなものであった。

「私は、ロンドンでフランスと中国が、バルカン情勢に関する討議に参加する件で同意が得られず、モロトフが会議から退去しようとしているとの情報に接した。閣下から、それは世界の平和に悪影響を与えるので、モロトフにこの会議をぶちこわすべきでないと連絡するよう切望します[68]」

　この電報の内容をロンドンのアトリー首相にも伝えて、イギリス外務省からも同様の内容の電報がモスクワへと送られた。スターリンからトルーマンへ二つの返電が届いた。そして二通目の返信では、次のように詳しく、スターリンの考えが記されていた。

「本日私はモロトフから返答を得ました。彼の言によれば、彼はベルリン会議の決定に基づいて行動しています。彼はこの決定を破ってはいけないと考えています。私としては、ベルリン会議で私たち三者の間で降伏条件に署名しなかった会議のメンバーは、討議には参加できるが、投票はできないとは決めなかったことを思い起こしてもらいたいと思います。私は、ベルリン会議の決定を厳守するモロトフの態度は、けっして悪い印象は与えず、また誰の感情も害さないと思います[69]」

　スターリン、そしてモロトフの態度は頑なであった。ここで記されているベルリン会議とは、ポツダム会談のことである。ソ連政府は、あくまでポツダム会談と同じ枠組み、すなわち「三大国」の協議によってヨーロッパの戦後処理を進めたい方針であった。フランスや中国が加わることで、ソ連の立場が強まることはなく、ソ連の強硬な要望がより実現困難になると見ていたのであろう。

日本と東欧との「交換」

トルーマン大統領はこのような行き詰まりを打開するためにも、アヴェレル・ハリマン駐ソ大使にスターリン首相と会ってこの問題を協議するように指示を出した。ハリマン大使は、スターリンの休暇先の、クリミア半島に近いソチで面会をする約束をとりつけた。米ソ間で、外相理事会での協議、および対日占領政策をめぐる合意をどうにか模索しなければならない。

一〇月二四日、ハリマン大使はスターリンと会って、対日政策の問題について意見交換を行った[70]。ここでのスターリンの姿勢は、モロトフがロンドン外相理事会で示したものよりもはるかに柔軟であった。スターリンはまず、対日占領を米軍中心に行うことへの理解を示した。それによって、マッカーサー最高司令官とGHQの優位性を、ソ連政府がおおよそ受け入れたことになった。ソ連が求めていたのは、ソ連自らが対日占領政策へと深く関与することではなかったのだ。

翌日になるとスターリンは、対日占領問題をほかの問題と絡めて解決したいと、東欧問題と日本問題を結びつけて議論を始めた[71]。アメリカが対日占領で優越的な地位を独占し、他方でソ連がブルガリアおよびルーマニアとの戦後処理で優越的な地位を独占することで、双方の利益が一致するであろう。ソ連側史料を用いてこの交渉について詳述している下斗米伸夫法政大学教授が述べるように、「この会談でハリマン大使は、ルーマニア、ブルガリア問題とこの日本の占領問題とを連関させることで取引をはかったのである[72]」。そしてスターリンもそれに同意した。日本と東欧との「交換」であった。

モスクワに戻った後にアメリカのハリマン大使は、イギリスの公使であるフランク・ロバーツにスターリンとの会談の詳細を報告した。そして、ロバーツ公使は、「会談全体の中で最も重要なポイントは、（スターリンが）もしもアメリカ人が日本からロシア人を追い出したいのであれば、

それはいっこうにかまわないことだ、ときわめて落ち着いて静かにつぶやいたことであった」と記録している。(73)

ワシントンD.C.においても、このスターリン＝ハリマン会談の成果は、きわめて好意的に受け止められていた。バーンズ国務長官は、スターリンが望む勢力圏分割の発想で、戦後処理を進めるつもりであった。バーンズ国務長官はワシントンで、イギリスのハリファックス駐米大使との会話の中で、「広範な欧州問題に関するロシア人の態度は、対日政策の目標をどのように扱うかによって、好意的に影響を受けることになることを望んでいる」と語った。つまりは、アメリカ政府とイギリス政府が、ルーマニアやブルガリアをソ連の勢力圏として容認すれば、ソ連政府もまた対日占領政策ではアメリカの事実上の単独占領を容認する見通しであった。(74)ようやく、戦勝国間で戦後処理をめぐる行き詰まりを打開する光が見えるようになった。

アヴェレル・ハリマン

ソ連政府がそこまでルーマニアとブルガリアを支配することを求めていたのは、なぜであろうか。この問題について、新しく公開されたソ連政府史料を用いて、下斗米は興味深い指摘をしている。すなわち、「この問題を解く鍵は八月二〇日に国家プロジェクトとなった核開発計画、つまり自前での核爆弾製造計画と関係がある。しかし、ソ連には隠された難問があった。ソ連国内で核兵器を作るために十分な量のウランが見つかっていなかったのである。こうしたなかでアメリカが原子力管理問題を出し、しかもソ連の拒否権を否定して一元管理を敷こうとしたことは、ソ連にとって看過できない問題であった[75]」。

すなわち、ソ連政府が対日占領政策においてアメリカに対して譲歩を示し、反対にブルガリアとルーマニアでの排他的な影響力を確保しようとしたことは、ソ連の核開発計画と不可分に結びついていたのである。というのも、「なかでも高品質のウランが採れたブルガリアの鉱山開発問題は、ソ連指導部にとって重要であった」からだ[76]。

モスクワでの合意

このような、アメリカとソ連との間の取引について、外交的合意として成立させることを目指したのが、一九四五年一二月に開催されたモスクワ外相理事会であった。ロンドンでは、外相理事会の構成国をめぐって、フランスと中国をそこに含めるか否かで、激しい対立が見られたが、このモスクワ外相理事会では、ソ連政府の要望に添って、テヘラン会談や、ヤルタ会談、そしてポツダム会談の際と同様に、米英ソの「三大国」による会合の枠組みを用いた。そして、バーンズ米国務長官と、ベヴィン英外相、そしてモロトフ・ソ連外相の三人は、ヨーロッパとアジアでの戦後処理の方向性について、基本的な合意に到達する。

この時期には、スターリンとしても依然として「三大国」の協力枠組みに価値を見いだしていた。強硬な交渉姿勢で、アメリカ政府との溝は深まるばかりであったが、他方で共通の利益もあった。それは、アメリカもソ連もいずれも、自国の国益、そして自国の国家安全保障を最優先していたことであった。アメリカにとっては、対日占領政策をアメリカ主導で進めること、そしてソ連にとってはブルガリアとルーマニアを自らの衛星国として、排他的に影響力を行使することであった。勢力圏分割というかたちで、それぞれの死活的な利益を確保することが可能であったのだ。

一九四五年一二月一六日の午後五時半。モスクワではモロトフ外相、ベヴィン外相、そしてバーンズ国務長官の三人が集まり、公式の外相理事会の会合が開始された。モロトフ外相は、ワシントンD.C.とロンドンから来た客人を歓迎して、開会の挨拶をした[77]。この日の議題は、主としてアジアに関するものであった。

ベヴィン外相は、苛立っていた。ソ連のモロトフ外相は、イギリスの中東や東地中海での権益を批判して、それらの多くがソ連から盗み取ったものだと主張していた。そして、ベヴィン外相は、バーンズ国務長官とモスクワのアメリカ大使館の館内での私的な会話で、「まるで世界が、『三つのモンロー・ドクトリン』に分割される方向へと漂流していっているようだ」と述べていた。すなわち、「アメリカ合衆国は、もともと自らの『モンロー』をアメリカ大陸で保有しており、それを太平洋の方向へと拡張している。ロシアは、西はバルト海からアドリア海まで、そして東は旅順まで、自らの『モンロー』を形成しようとしているように見える[78]」。

ジェームズ・バーンズ

二ヵ月ほど前の一九四五年一〇月に、戦後の平和を担保するための国際連合が成立した。しかしながら、国連憲章が描いていたような、国際協調と友好の精神に充たされた一体化した世界などはもはや存在せず、自己利益を硬直的に要求して勢力圏が分割される世界がそこに存在していた。二日目の会合が終わった後に、イギリスの外務事務次官のアレクサンダー・カドガンは、ベヴィン外相に向かって、「もしも一日や二日経っても状況が改善しないならば、自らは帰国してこれらの問題を国連へと持ち込むと脅すべきです」と論じていた。ベヴィン外相は自分も同じようなことを考えていた、と伝えた(79)。

ソ連政府が求めていたのは、あくまでもブルガリアやルーマニアにおける勢力圏の確立であった。そして、もともと外交経験の乏しいアメリカのバーンズ国務長官は、ソ連の要望を受け入れた上で、早期に利害を調整して、戦後処理に関する合意をつくりたかった。バーンズは、自らが手柄を挙げるべく、たとえソ連に譲歩しても講和条約を作成する功績を手にしたかったのだ。

戦後処理をめぐる諸問題は、相互に関連し合っていた。そして、アメリカとソ連はそれらの問題において、相互に受け入れ可能な枠組みを模索した。それについて下斗米は、次のように論じている。「モスクワ外相会議では、このようにして、東欧管理、対日管理、原子力管理についてのグランドバーゲン（包括的交渉）が行われた。こうして日本占領における米国の主導権を承認する問題は、ルーマニア・ブルガリアのソ連支配の承認問題と取引する形で決着した(80)」。

これ以降、アメリカ政府とソ連政府は、次第に相互不信と対立姿勢を強めていく。しかしながら、他方で、この一九四五年一二月のモスクワ外相理事会では、ソ連のルーマニアおよびブルガリア支配を承認するという対価を払って、アメリカは日本の実質上の単独占領の権利を確保する。これは通常われわれ日本人は意識していないことであるが、戦後日本の再出発は、東欧諸国のソ連による支配という犠牲の上に成り立っていたといえるのではないか。

アメリカが創る秩序

モスクワ外相理事会の成果として、ワシントンに極東委員会（FEC）が、そして東京には対日理事会（ACJ）が設置されることが決まった。連合国の対日占領の方向性が、ようやく見えてきた。極東委員会には、アメリカ、イギリス、ソ連、中国に加えて、フランス、オランダ、カナダ、オーストラリア、ニュージーランド、フィリピン、インドの合計一一ヵ国が参加することになる（後にはビルマとパキスタンも参加）。他方、東京におけるマッカーサー最高司令官の諮問機関に位置づけられた対日理事会は、アメリカ、英連邦、ソ連、中国の四大国で構成されていた。

だが、その何れにおいてもソ連政府が積極的に介入をする意向はなく、またそれらの組織にそのような介入を行う権限もなかった。すでにスターリン＝ハリマン会談で触れられたように、もしもアメリカ政府がブルガリアやルーマニアの内政に関与することなくソ連の優越的地位を認めるのであれば、ソ連もまた日本におけるアメリカの優越的地位を認めるつもりだった。このようにして、核開発を進めたい意向のスターリンの判断に基づいて、ソ連がブルガリアとルーマニアを支配する代わりに、日本占領においてはアメリカが優越的な位置に立って日本の安定と再建に責任を持つようになる。

一二月二七日に報道で発表されたモスクワ協定について、「ニューヨーク・タイムズ」紙は、「平和の勝利であり、その意味において人類の勝利である」と賞賛した。[81] だがその実態は、すでに見たように、アメリカとソ連との間で行われた勢力圏分割であった。東欧がソ連の支配下に含まれるようになる一方で、日本およびその周辺地域におけるアメリカの優越的な地位が保証されることとなる。そのような、アメリカが創った秩序のなかで、戦後の日本は、二度とアメリカの脅威とならないような「平和国家」として道を歩んでいく必要があったのだ。

第3章　新しい「国のかたち」

1　衛兵の交代

「新しい日本」を求めて

戦争が終わった。日本国民は、死の恐怖から解放され、統制による軛《くびき》から自由となった。人々は明るい未来を夢見ると同時に、敗戦、占領、困窮という苦難に満ちた現実を直視しなければならなかった。そのような中でも、多くの人々が日本を再建したいという、ある種の使命感を抱いていた。それが、戦争の時代を生き抜いた自らに課せられた義務だと考えていたからではないだろうか。

はたして、戦後の日本はいかなる国家となるのだろうか。ポツダム宣言を受諾して、連合国の占領下に入る以上、それまでの大日本帝国と全く同じ姿であり続けることはないだろう。他方で、日本の文化や伝統をすべて切り捨てて、過去を忘れることなどはできない。未来は過去の延長線上にしかあり得ないからだ。敗戦国として、幾多の苦難を乗り越えて、国家を再建していかなければならない。そのためには、新しい憲法が必要となるだろう。

はたして、それまでの日本という国家において、何が問題だったのか。なぜ日本は道を誤って、国土を灰燼《かいじん》と化す運命となったのか。なぜこれほどまで多くの国民の生命と幸福を犠牲にしなければならなかったのか。それを避けることはできなかったのか。はたして、どのようにして新しい国家を再建し、どのような新しい国家のアイデンティティを構築するべきなのか。戦後日本の政治指導者たちは、これらの国民の純朴な疑問に答える義務があった。

新しい憲法とは、英語で言えばコンスティチューションである。コンスティチューションとは、作家の司馬遼太郎の言葉を借りるならば、「この国のかたち」ということになるだろう[1]。それは本来、「憲法」という成文の憲法典に書かれている文言に限られるものではなく、国家の根幹をかたちづくる精神であり、価値の体系である。いわばそれは、「人間や国家のなりたちにかかわる思想と日本的な原形」と表現できる[2]。戦後、日本国民は「この国のかたち」をつくりかえる必要に直面した。というのも、それ以前の明治憲法下の「国のかたち」こそが、戦争の原因を生み出し、問題の根源だとみなす認識が広がっていたからである。

だからこそ、一九四七年五月三日に、日本国憲法施行にあたって、憲法起草にも携わった憲法普及会会長の芦田均は、『新しい憲法　明るい生活』と題するパンフレットの序文に、「新しい日本のために」という文章を寄せている。そこで芦田は、意気揚々と次のように述べる。「古い日本は影をひそめて、新しい日本が誕生した。生れかわった日本には新しい国の歩み方と明るい幸福な生活の標準とがなくてはならない。これを定めたものが新憲法である」[3]。

新憲法は、単なる憲法の改正ではなく、また単なるひとつの法律の立法でもない。それはひとつの精神であって、絶望を経験した国民へもたらされる希望であった。芦田は次のように続ける。「新憲法にもられたこれらのことは、すべて新日本の生きる道であり、また人間として生きがいのある生活をいとなむための根本精神でもある。まことに新憲法は、日本人の進むべき大道をさし示したものであって、われわれの日常生活の指針であり、日本国民の理想と抱負とをおりこんだ立派な法典である。

わが国が生れかわってよい国となるには、ぜひとも新憲法がわれわれの血となり、肉となるように、その精神をいかしてゆかなければならない。実行がともなわない憲法は死んだ文章にすぎないのである」[4]

このように、新憲法の制定は、躍動的な理想主義の精神に包まれて、実現したのであった。憲法学者で東京大学大学院教授の宍戸常寿は、「『この国のかたち』は前もって決まっているわけではなく、たとえば過去に形成され現在まで続いている近代国家の現実と、グローバル・スタンダードである規範との間の連続と緊張の関係を内包するもの」と、重要な指摘を行っている[5]。戦後の日本もまた、「現在まで続いている近代国家の現実」と「グローバル・スタンダードである規範」という二つの要請を受けて、「この国のかたち」を発展させていかなければならなかった。それでは、それをどのように変えたら良いのか。連合国の占領下にあった日本で、その問いに何名かの政治指導者が向き合うことになった。それは誰であろうか。

二人の政治家

一九四五年の秋から冬にかけて、国際舞台ではロンドン外相理事会とモスクワ外相理事会において連合国が日本の運命について真剣な議論を重ねる一方で、日本国内では国家再建のための新しい政治が模索されていた。戦後の日本において、新しい時代にふさわしい指導者、政府、そして憲法が求められていた。しかしながら、歴史には完全な連続もなければ、完全な断絶もない。敗戦後の日本を牽引する政治指導者の多くは、戦前や戦時中に活躍して、すでにその名が知られていた人物であった。また新しい憲法が創られるまでは、大日本帝国憲法の規定に従って政府が構成されていた。

戦後間もないこの時期に、新しい憲法を制定する動きが胎動する上で、興味深いことに二人の対照的な人物が政治の舞台に再登場する。戦前の日本で首相と外相を務めた二人であり、そして第一次世界大戦後から日米戦争の開戦に至るまで、何度となく政治の場面で交錯した二人であった。それは、近衛文麿と幣原喜重郎である。

この二人はそれぞれ、戦争の時代を挟んで、その前と後の困難な時期に首相の座に就くことになった。近衛は真珠湾攻撃の直前の一九四一年一〇月まで首相を務めており、他方で幣原は終戦直後の一九四五年一〇月に首相の座に就いている。いずれの場合も、国際情勢の奔流のなかできわめて難しい国政の舵取りをしなければならない事態に直面した。そして近衛はその困難を乗り越えることに挫折し、幣原はそれに成功した。

何よりもこの二人は、対照的な政治理念を掲げ、また大きく異なる政治姿勢を示していた。近衛文麿が、「近衛新体制」と呼ばれる統制的でより全体主義的な政治的イデオロギーを体現したのに対して、幣原喜重郎は自由主義と国際協調主義を掲げて、英米両国との協力が不可欠だと考えていた。二〇世紀は、英米という二つの世界大国が国際秩序を創り、その基礎となる規範や価値を提供していた。それに抵抗して挑戦したのが近衛であり、それとの協力の必要を認識していたのが幣原であった。

第二次世界大戦から戦後の時代へと移りつつある中で、日本を牽引するリーダーシップは近衛の手から幣原の手に移っていった。それはまた、反英米のイデオロギーから国際協調主義のイデオロギーへの移行でもあった。戦後の日本は、英米両国が掲げる政治理念を抱擁して、その国際秩序のなかで生きていかなければならない。そのような国際環境のなかで、近衛から幣原へと権力が移っていき、「衛兵の交代」が行われたのである。

近衛文麿

幣原喜重郎

近衛文麿と幣原喜重郎

戦後初期の新憲法制定の胎動を理解する上で、この二人の指導者の軌跡を追いかけることが重要であろう。

近衛文麿は、若き頃から国際協調にしばしば敵対的なイデオロギーを示していた。とりわけ英米両国が中核となる国際組織や国際法を繰り返し批判することで、軍部や国民の一部から人気を博することになった。一九一八年一二月発行の雑誌「日本及日本人」において近衛は、「英米本位の平和主義を排す」と題する論文を寄せて、英米が掲げる平和主義、そしてそれを基礎とする国際秩序を批判した。そして、「吾人は日本人本位に考えざるべからず」と説いて、日本人が日本の正義を世界に訴える必要を論じている。(6)

近衛文麿についての優れた評伝を書いている古川隆久日本大学教授は、近衛の軌跡を評して、政治指導者としては「満洲事変以後の陸軍の国防・対外政策を支持する立場から、中国に対して一貫して強硬姿勢をとる」結果になり、さらに「正義にかなっているとはいいがたい日本国家の行動を正当化しつづけ、結果的に日本国家が誤った路線を進むことを助長した」と批判する。(7) 戦前の日本が国際秩序に挑戦し、そして独善的な正義を掲げる上で、近衛はその多くの場面で舞台の中心に立っていた。

ところが近衛は一九四一年一〇月に首相の座を退いてからは、しばらくの間、政治権力から遠ざかっていた。日本国民の多くが、近衛を過去の指導者として忘却しつつあるなかで、近衛は政治の表舞台に戻ってくることになる。戦争終結後、東久邇宮内閣で「副首相格」で入閣し、九月一三日のマッカーサーとの会見の後に憲法改正へと動き出すのであった。

一方の幣原喜重郎は、一九二〇年代において外務省が進めたいわゆる「霞が関外交」の中央を歩んでおり、対英米協調の価値を説く中心的な存在であった。一九一五年には外務次官、そして一九二四年には加藤高明内閣で外務大臣を務めている。幣原は、日本が英米両国との協調を維持する必要とその価値を説き、一九二〇年代の国際協調時代を内側から力強く支えていた。その幣原は、一九四五年一〇月九日に首相に就任し、その後に憲法九条が起草される上できわめて重要な役割を担った。

このように近衛と幣原は、対英米協調を進めるか否か、さらには日本が国際協調の精神を尊重すべきか否かについて、対照的な立場にいたのである。その二人が、戦後間もない時代に、新しい憲法をつくる上で重要な位置に立とうとしていたのは興味深い。

結局のところ、近衛は新憲法制定を牽引する役割を担うことはできなかった。一九四五年一二月にGHQからの出頭命令がでた後に、戦争犯罪者としてアメリカに裁かれることを嫌った近衛は服毒自殺をする。対照的に幣原は首相として自由主義や国際協調主義の精神を憲法に注入し、その理念は憲法の根幹に埋め込まれることになった。近衛から幣原へと、新憲法制定の主導権が移っていく様子は、戦後の日本の歩むべき針路を考えるならば、実に象徴的なことであった。

「外交に通暁せる者」

ここで興味深いのは、占領期の日本の首相が幣原以降、吉田茂、芦田均と、四人中の三人がかつての外務官僚であることだ。一九五二年に吉田政権下で独立を実現し、一九五四年一二月に吉田が首相を辞任してからは、その後一人も外交官出身の首相がいないことを考えると、この時代の特質が深く理解できる。国際主義の理念を抱擁し、国際情勢の潮流を適切に理解できる指導者こそが、戦後の日本を牽引するべきだと考えられていたのだ。

そもそも一九四五年一〇月に幣原内閣が誕生するにあたって、内大臣の木戸幸一は平沼騏一郎枢密院議長と協議をして、「米国側に反感のなき者、戦争責任者たるの疑なき者、外交に通暁せる者」という三点を、後継首相の条件として指示していた。(8) その結果、最もふさわしい人物として幣原を昭和天皇に推薦している。

「外交に通暁せる者」を条件に含めたのは、占領日本の運命が連合国の手に握られていたからであろう。と同時に、戦前の日本が国際的な潮流を無視した結果として国を滅ぼしたのだとすれば、戦後の日本は国際協調を基軸として再建される必要があったからであろう。そのように考えたとき、老齢であることを考慮しても、「外交に通暁せる者」といえば幣原ほど適任である者はほかにいまい。

後継首相を選ぶにあたって、何よりも重要なのは、対日占領を実質的に仕切っているアメリカ政府の協力が得られる人物かどうかであって、アメリカ政府の意向は無視できないものであった。それを考えれば、戦前の日本で英米批判を繰り広げ、アジア主義的な論調で国際協調批判を行った近衛は、GHQやアメリカ政府にとっては好ましい人物とはいえない。すでに近衛が政治的に活躍できる舞台は失われていた。時代は変わってしまったのだ。近衛自らは、そのことに気がついていなかったのだろう。二人の運命が交錯し、二人の指導者の役割が入れ替わる。それはあたかも、衛兵の交代のようであった。

戦後日本の運命は、このように国際協調を回復することを目標として、その価値を理解する指導者の手に委ねられる必要があった。それをおそらく誰よりも深く理解していたのが、東久邇宮内閣で外相として入閣し、戦前に駐英大使を務めた親英派の元外交官、吉田茂であった。それゆえに高齢の幣原が首相の座を辞してからは、戦後外交の基礎がこの吉田によって作られていく。幣原から吉田へと国際主義の精神が継承され、戦後政治の権力の座が譲り渡されていったのである。

「国際信用」の回復を目指して

一九四五年八月のポツダム宣言受諾、そして翌九月の降伏文書調印によって、日本は連合国の占領下に入り、主権を失った。一九五二年四月にサンフランシスコ講和条約が発効して、独立国として主権を回復するまでの間、連合国とりわけその中心であるアメリカの占領政策によって、戦後日本の運命が決められていく。

そもそも日本は、「自存自衛」の名の下に真珠湾攻撃によって対米戦争へと突入した。しかしながら、日本の巨大な軍事力は日本国民の生命を守る上でも、日本の主権を維持する上でも十分ではなかった。日本は大国ではあったが、国際社会を敵に回して総力戦を戦うには、あまりにもその国力は小さかった。むしろ日本は国際主義の理念を抱擁して、国際協調のなかで生きていかなければならなかった。国際社会における信頼を失い、日本が孤立するときに、いかに無力であるか。国際社会が結束して日本に圧力をかけたときに、いかに心細いものか。それが、日本が戦争を通じて体得した教訓であった。

そのことを誰よりも実感していたのが、戦前における自由主義者であり、駐伊・駐英大使を歴任した外交官吉田茂であった。吉田はその著書の中で、「一国の外交は何よりも国際信用を基礎とすべきものである」と論じている。戦前の日本の最大の誤りは、「国際信用」を失ったことにあると、吉田は考えていた。戦前と戦中の日本は、虚偽、陰謀、隠滅を多用した外交を行っていた。

さらに吉田は、「間近かな英米を敵視する一方、遠い独伊と提携するに至ったのは、戦略的にも拙劣であったのみならず、日本外交の信頼性を失わせたという意味において、誠に遺憾であった」と述べている。[9] ナチズムのドイツや、ファシズムのイタリアと提携したことは、日本がそれらの国家と同種のイデオロギーを掲げていると見なされる結果となった。それはまた、国際連盟、さらにはより幅広い国際社会全体の「敵国」と見なされることを意味し、実際に連合国にとって日本は敵国の地位に堕した。だとすれば、戦後再出発する日本は何よりも、「国際信用」の回復に努めなければならない。

吉田が執拗に英米と提携する必要を説いたのは、それが日本にとって目先の戦術的利益であるという理由だけではなかった。二〇世紀は英米両国が国際社会の中心に位置して、英米両国の理念に基づいてリベラルな国際秩序が形成されていたからである。だとすれば、英米を敵に回すことは国際秩序に挑戦することを意味し、ナチス・ドイツと手を組むことは日本が国際社会で孤立することに繋がってしまう。ヒトラーの同盟国となったことが、日本の「国際信用」をいかに傷つけることになってしまったか。戦前の日本はあまりにも短期的な戦術的利益に固執していた。長期的な「国際正義」や「国際信用」という観点が、戦争に至る政策決定の過程では想定されることがほとんどなかったのだ。英米中心の国際秩序や国際正義を打破しようとすることは、あまりにも無謀であった。

一九四一年二月にアメリカの「ライフ」誌では、ヘンリー・ルース編集長が、「二〇世紀はかなりの程度において、アメリカの世紀となるに違いない」と記していた。また、その二年後の一九四三年には、イギリス首相のウィンストン・チャーチルが、「今世紀は、英語諸国民の世紀となるであろう」と閣議で語っていた。[10] 吉田は、日本が国際信用を維持して、国際協調を続けるためには、国際秩序の中核に位置している英米両国との協力が不可欠だと考えていた。そしてそのような外交路線こそが、戦後の日本外交の基調となるべきであった。

「正義の外交」の必要

ヒトラーが率いるナチス・ドイツと手を組み、独裁者ムッソリーニのイタリアを加えて三国同盟の一員となった日本は、イデオロギー的に国際社会の敵となってしまった。日本はそのようにして、国際秩序の破壊者とみなされ、国際正義への挑戦者と位置づけられてしまった。それによって失ったのは、多くの国民の生命だけではない。国際正義や国際信用もまた失ってしまったのだ。それらを失うのはとても容易であるが、回復することはあまりにも難しい。

一九一九年の国際連盟規約も、一九四一年の大西洋憲章も、一九四五年の国連憲章も、英米両国が中心となって起草したものであった。いわば、二〇世紀の国際社会は英米両国が掲げる規範や価値を基礎として、成り立っていたのだ。そのことに不満を感じ、またそこに偽善を見いだして激しく批判したのが、若き日の近衛文麿であった。だが、英米両国は自らが考える「正義」を理念として主張していただけではない。その背後に、圧倒的な軍事力を備えていた。いうまでもなくその「正義」は、英米両国の国益とも密接に結びついていた。それらの巨大な軍事力を背景に自らの「正義」を語る英米両国に対して、日本は挑戦者となったのだ。

それらの国際連盟規約や大西洋憲章、そして国連憲章の文言に刻まれた規範がリベラルな国際秩序の基礎となり、国際法の土台となっていた。たとえそこに英米両国の利益が深く埋め込まれていたとしても、そもそも国際社会における正義は、軍事力の規模や戦争の勝敗とも不可分に結びついているものである。日本は、英米両国と敵対したことで、国際秩序の破壊者とみなされるようになってしまった。吉田によれば、「この信用の回復には、今後長年月の努力を必要としよう」。そして、「それは、忍耐と根気とを要する困難な仕事であるに違いない(11)」。

それでは、「国際信用」を回復するために、日本は何をすればよいのか。吉田は次のように語る。

「国際信用に関連して重要なことは、正義に則って外交を行うということである。外交が自国の利益を直接対象とするのは、いうまでもないが、同じ自国の利益といっても、目先きの利益と、長い先々までを見透した利益とがある。国際正義を踏んでの外交でも、時には悪の勢力に打ち負かされることもあり得よう。しかし、長い間には、必ず正義の外交がその国の利益と合致することになろう。徒らに目先きの国際情勢の変転に一喜一憂して、国の外交を二、三にするのは、愚かなことである。正をとって動かざる大丈夫の態度こそ、外交を行うものの堅持すべきところであろう[12]」

日本人は戦後世界で、国家を再建するだけではなく、そのような「国際信用」をもまた再建しなければならない。吉田茂の名前は、経済外交を優先したプラグマティックな精神と直結する。しかしながら、吉田茂が外交における「国際信用」や「国際正義」の重要性を強く認識していたこともまた想起する必要がある。戦後の日本外交にとって、何よりもそれらを回復することが重要な使命となっていたのだ。吉田茂の外交理念の基礎には、そのような「国際信用」や「国際正義」が重要な位置を占めており、それはまた戦後日本外交の基礎に埋め込まれることになる。その点において、戦後外交は戦前の日本が歩んだ軌跡とは異なる性質を有するようになる。

東久邇宮稔彦王

東久邇宮内閣成立

天皇の玉音放送が流れて、鈴木貫太郎内閣が総辞職した後には、東久邇宮稔彦王を首班とする内閣が誕生した。終戦による交通の困難や、社会情勢の混乱なども考慮して、平沼騏一郎枢密院議長と木戸幸一内大臣の二人が協議をして、皇族の東久邇宮が組閣をすることになったのだ。それはやむを得ぬ状況下での、異例の措置でもあった。

東久邇宮は若き日にフランスを中心に七年間ヨーロッパに滞在して、国際感覚を身につけていた。そのような国際性と、皇族としての権威は、敗戦にうちひしがれていた日本国民を統合する上で重要な意味を持っていた。そのような宮内閣の誕生について、八月一七日の「朝日新聞」は二つの点で異例であると論評した。まず、一八八五年の内閣制度発足以来、鈴木内閣まで四一代の内閣史上で皇族が首相となるのははじめてのことであった。第二に、重臣会議なしに大命降下がなされたのもはじめてである。敗戦という前例のない事態に接して、そのように前例のない行動をとることもやむを得ないであろう。それゆえ「朝日新聞」の社説でも、「一億同胞が、悉く深い感激と安堵とを覚えた」と、その前例のない措置を歓迎した。[13]

そのことについて、日本政治史が専門の五百旗頭真《いおきべまこと》神戸大学名誉教授は、「少なくとも国民が天皇との一体感を持ち続け、天皇とともに運命を切り開くことを欲している状況において、『天皇の直接の代理人』としての皇族内閣は、一般的効用を持ち得たのである」と、適切に評価している。さらに、五百旗頭は次のように、その時代精神を描写している。「日本史上初めて外国軍の支配を受けることは、民族の誇りと独自性がかきむしられる体験であった。とすれば、伝統の体現者が政府の首班であることは、常日ごろにもまして心理的な救いであり得た」[14]。敗戦という心理的な衝撃を受けたあとに、人々はどのようなかたちであれ、政治に安心感を求めていた。そこに人々は、新しい希望を感じたかったのだ。

他方で、政治経験のない東久邇宮は、「私は政治にはまったくしろうとだから……近衛公を相談相手としたい」と当初から述べており、近衛文麿が入閣して補佐することを希望した。[15]それはまた、天皇の希望でもあった。近衛はなによりも、戦争中から赤色革命の到来をふかく懸念しており、自ら内務大臣に就いて治安維持にあたることまで考えていた。[16] あわせて、戦争中に東久邇宮と近衛は、しばしば軍部強硬派の目を盗んで早期和平を模索する密談をもっており、それによって両者の間に一定の信頼感が生まれていた。[17] 結局、近衛は副首相格の無任所大臣として入閣した。[18]

そして、近衛の手によって新憲法を制定する動きが胎動する。

2 近衛文麿の戦後

近衛文麿の憂鬱

近衛文麿は戦前に、三度にわたって首相を経験した。だが、多くの場面で期待された外交成果を挙げることが出来ず、日中戦争を長期化させて日本が対米開戦に向かう上で致命的な失策をいくつか犯していた。自らの手で対米戦争を回避することにも失敗し、近衛にとって首相としての日々は挫折と後悔で溢れたものであった。

戦争が終結して日本は連合国の占領下に入ることになったが、間接占領のために日本の政治指導者が国民を統治することとなった。その名前の多くは、日本国民にはなじみのあるものであった。そのような、日本を戦争の惨禍に導いた戦前の指導者たちの名前がいくつも新内閣の閣僚リストに含まれていることを、国民の多くは複雑な心境で眺めていた。自らの不幸で困難な現状は、それらの戦前の指導者たちがもたらしたものではなかろうか。彼らには、戦後の日本を牽引する資格があるのだろうか。

その筆頭が、近衛文麿であった。近衛が「副首相格」で入閣する様子について、政治史家の岡義武は次のように描写する。すなわち、「入閣した近衛は一般からは東久邇宮内閣の副総理と目され、こうして彼は敗戦後の政界に大きく返り咲いた形になった。けれどもまた、このことは世上に近衛に対する烈しい非難、攻撃の声を一層によび起すことになった。ひとびとは、今や日中事変に対する近衛の責任を問題とした。また太平洋戦争への道を準備したものとして彼を糾弾するにいたった。一般人心は、戦争終結を境に正に一八〇度の激変をとげたのである」(19)。

世論の風向きの変化は激しく、国民の支持は移ろいやすい。五年前、日中戦争が閉塞状況に陥るなかで熱狂をもって若き公爵を首相として迎え入れた日本国民は、敗戦後の社会ではこの同じ人物を罵り、中傷し、激しく攻撃した。近衛はそのような空気をある程度感じ取ると同時に、むしろそれだからこそ自らが戦後日本の再建に貢献したいと考えたのではなかろうか。それはあまりにも無邪気であり、あまりにもナイーブな使命感というべきであろう。

なぜか。岡は次のように、戦後の日本における人心の変化を説明する。「曾ては、ひとびとは首相・近衛に尊敬のまなざしをむけ、あるいは親しげな微笑を送った。時には彼の姿にはげしく歓呼した。しかし、戦争下あらゆる犠牲に堪え忍んだ後、ついに惨憺たる敗戦の日を戦禍に荒廃した国土に迎えた今、多くの世人は、彼を白眼視するにいたったばかりではなく、彼を憎悪し、彼を罵ってやまない有様であった[20]」。

実際に、九月二一日付の「朝日新聞」社説も、「重臣責任論」を説いて、東久邇宮内閣に入閣していた近衛を次のように厳しく批判していた。

「長く険しい支那事変の迷路に日支両国を引摺り込んだ結果、東亜分裂の悲劇を演出し……急遽、三国同盟の出現に拍車し……東条軍事内閣の成立を不可避ならしめ……不誠意、不熱心、怯懦なるの余り、その支那問題解決の絶好の機会を逸せしめ……『蔣介石を相手にせず』などと同胞国民をして顔を赫らめさせるやうな暴言を政府の名において公表した責任は何処に帰せられるべきであるか[21]」

東久邇宮内閣では、閣内での確執から重光葵が間もなく外相を辞任すると、九月一七日からは吉田茂がその後任に就くことになった。吉田もまた近衛同様にその名前が国民に知られていた。だが、吉田の場合は、国民の記憶は近衛のそれとは対照的であった。自由主義者として知られていた吉田は、広田弘毅内閣で外相に就任する予定が、その親英米的で自由主義的な外交姿勢が陸軍から嫌われて、就任を阻止された。もしこのときに吉田が広田内閣の外相として入閣していれば、日中戦争の拡大に一定の責任が問われ、戦後の吉田の運命は異なるものであったはずだ。

東久邇宮内閣における近衛と吉田は、その後大きく異なる運命を辿ることになる。その背景として、この二人の人物の外交理念の違いが存在していた。

先に述べた通り、近衛は、一九一八年に「英米本位の平和主義を排す」と題する文章を記しており、英米両国の偽善を厳しく批判していた。その父近衛篤麿はアジア主義の理念を掲げる高名な政治家であって、近衛もまた部分的にそのような理念を継承していたといえるだろう。本来的に、反英米的な理念を有していた。

他方で吉田は親英米的な政治姿勢を保っており、それが日本の国益であり、また日本が歩むべき針路であると考えていた。そのような政治理念の違いによって、戦前の時代において吉田は外相就任が陸軍によって阻止されて、反対に近衛は陸軍に担がれて三度首相に就任していた。そのような近衛と吉田の運命が、敗戦と米軍による占領を経て、大きく入れ替わることになる。

戦後初期に首相となる幣原と吉田は、それまで彼らが抱擁してきた自由主義的な精神、そして国際協調主義的な精神を、戦後政治に定着させる役割を担うことになる。いわば、戦後日本の礎を築いた指導者として、日本国民はこの二人の首相をあたたかいまなざしで見つめていく。他方で近衛に対しては国民は厳しく冷たいまなざしを向け、近衛は次第に戦後日本における政治の舞台から退場せざるを得なくなる。

マッカーサーとの会談

副首相格の無任所大臣となった近衛文麿は、一九四五年九月一三日の午後五時に、米太平洋陸軍総司令部の本部のある横浜を訪れた。[22] このGHQが、連合国軍最高司令官総司令部（GHQ／SCAP）となり、この少しあとに皇居前の第一生命ビルに移転することになる。近衛はこのときマッカーサーに会って、自らの所見を伝えるとともに、連合国による占領政策の方針について聞き出し、意見交換をする予定であった。とはいえ近衛は、一時間ほどでこの会談を終えて、退室しなければならなかった。マッカーサーは、この近衛との面会にそれほど重きを置いていなかったのだ。

近衛の二度目のマッカーサーとの会談は、一〇月四日に皇居前の第一生命ビルで行われた。その二日前の一〇月二日以降は、連合国軍最高司令官総司令部の本拠地がこの第一生命ビルの中に入ることになった。ここがマッカーサーの居城となる。皇居と向き合うような威風堂々としたこの建物は、廃墟となった東京の皇居周辺では珍しくそのままのかたちで利用できる状態であり、マッカーサーが執務を行うのに最適な環境であった。

ＧＨＱ本部となった第一生命ビル

そこで近衛はマッカーサーと向き合って一通り自らの考えについて説明した後に、「政府の組織および議会の構成について、何かご意見なりご指示があれば、承りたい」と訊いた。それに対してマッカーサーは、次のように論じた。「第一に、日本の憲法は改正しなければならん。憲法を改正して、自由主義的要素を充分取り入れる必要がある」[23]。

マッカーサーはさらに、次のように述べたという。

「公はいわゆる封建勢力の出身ではあるが、コスモポリタンで世界の事情にも通じておられる。そして、まだお若い。敢然として指導の陣頭に立たれよ。もし公がその周囲に自由主義分子を糾合して、憲法改正に関する提案を天下に公表せられたならば、議会もこれについてくると思う」[24]

ここではじめて、マッカーサーの側から憲法改正の必要性についての言及があった。憲法改正を促すマッカーサーのこの発言について、歴史家の古関彰一獨協大学名誉教授は、「どうやら一〇月四日のこの会見でマッカーサーの側から近衛に憲法を改正するよう持ちかけたことは間違いないようである」と書いている[25]。

ところが、近衛に憲法改正の要請をしたことが後にアメリカ国内外で厳しく批判されると、マッカーサーは、近衛とのこの会談の内容について、事後的に史実を修正しようと試みる。マッカーサーは、憲法改正を求めるその発言が通訳の誤訳に基づいた誤解であり、実際にはそのような要請をしていない、と否定するようになる[26]。実際には、近衛は帰りの車中において、通訳をした奥村勝蔵に対して、「今日はえらいことを言われたね」と語っていた[27]。確かにマッカーサーは、近衛に憲法改正の提案をしたのだろう。そしてそれを受けて、近衛は強い使命感を示すようになる。

一〇月五日、東久邇宮内閣が総辞職したことによって、近衛もまた副首相格の国務大臣としての地位を失うことになった。しかしながら、これ以後も近衛は政治活動を活発化させていき、より大きな役割を担うべく奔走する。

近衛の憲法改正への動き

近衛はマッカーサーとの会談の後に、木戸幸一内大臣を訪れてその会談内容について報告をした。近衛と古いつきあいの木戸はここで、近衛が内大臣府御用掛として憲法改正作業を担当するように依頼した。実際に一〇月一一日に近衛は、天皇への拝謁の後に内大臣府御用掛に任命され、自らが新憲法を制定するための作業を開始する意気込みを見せた(28)。

だが、近衛が新憲法制定へ向けた動きを主導することを、快く思わない人々がいた。まず、アメリカの「ニューヨーク・ヘラルド・トリビューン」紙が一〇月二六日付の紙面において、内大臣府で近衛が主導して憲法改正を行おうとしていることを、次のように厳しく批判している。「極東においてアメリカが犯した馬鹿げた失敗の中で、もっともはなはだしいのは近衛公爵を日本の新憲法の起草者として選んだことである。……もし公爵が戦犯としてすでに獄中にあって裁判を待っているのであれば反対する理由は全くない。彼がアメリカ側から正式に認められて、日本の民主憲法の起草者に定められたということは、馬鹿馬鹿しさの極みである(29)」

木戸幸一

このようにアメリカ国内では、日本を戦争へと導いた首相である近衛が、戦後において新憲法を起草しようとすることの矛盾が厳しく批判され始めていた。この人物こそが、悲劇的な戦争をもたらした責任を負うべきだと考える者が、アメリカ国内には多くいたのだ。GHQもまた、そのような批判がアメリカ国内で吹き荒れていることを意識して、次第に近衛とは距離を置くようになる。憲法改正へと意気込む近衛は、このような潮流のなかで孤立していく。近衛に向かって、激しい逆風が吹き始めていた。

あわせて、近衛が内大臣府御用掛として新憲法起草の準備作業を行おうとしたときに、幣原喜重郎内閣はその成立間もない一〇月二五日に憲法問題調査委員会を急遽設置した。それは、近衛が内大臣府において天皇の権威に隠れて新憲法制定へ動くのを阻止するためである。憲法問題調査委員会の委員長となった松本烝治国務大臣や、それを補佐した宮沢俊義東京帝国大学法学部教授は、実際に近衛による憲法改正作業を厳しく批判していた。

ここで興味深いのは、近衛も、内大臣の木戸も、そして実質的な作業を近衛が依頼した憲法学者の佐々木惣一京都帝国大学名誉教授も、みな京都帝国大学法科大学出身者であることだ。それに対して、松本と宮沢は東京帝国大学法科の出身である。いわば、京都帝国大学法科と東京帝国大学法科という二つの大学の憲法学者を中心とするグループが、内大臣府と内閣という二つの異なる行政機関を背後に、それぞれ憲法改正へ向けて対峙していたのである(30)。

もしも明治憲法の改正が天皇の名の下において行われるべきであるならば、それは内大臣府が中心になって行うべきであって、天皇に奉答するための近衛や佐々木の作業が重要な意味を持つ。しかしながら宮沢は翌年五月には「八月革命説」を唱えて、ポツダム宣言受諾とともに天皇主権から国民主権へと「革命」が起きたと主張する。だとすれば、憲法改正の作業も、松本や宮沢が活動する、内閣における憲法問題調査委員会の権限で行うことが可能になる。いわば、「八月革命説」は、近衛や佐々木の内大臣府ではなく、自らが正当な憲法改正の権限を持つことを証明するための論拠ともなった。

結局、近衛と佐々木が排除されて、松本と宮沢という東京帝国大学法科系の人物を中心に、新憲法制定へ向けた作業が進められていく。それは、近衛の政治舞台からの退場をも意味した。ちょうどこの頃には、新聞紙上でも内大臣府と内閣とで、憲法改正についての調査が別個に行われていることが指摘されていた。一〇月二四日、木戸内大臣が皇居で天皇に拝謁している。この頃の木戸の考えは次のようなものであったが、その概略は『昭和天皇実録』にも記録されている。すなわち、「今回の準備調査の結果、憲法改正の必要は認めざるを得ないとの結論に到達したが、細目の調査はさらに綿密な研究に俟たなければならないこと、他面、憲法改正問題が図らずも政治問題となり、内大臣府と内閣と別個に調査を進めるが如き印象を世上に与えていることは非常に遺憾にして、現状のまま推移すれば、あるいは帝国議会等において問題となり、政治運営上円滑を欠く恐れあり、その場合、帝国議会において説明し得ない立場にある内大臣府が調査を続行することは必ずしも策を得たものではないと思量するため、内大臣府としては憲法改正の必要とその大綱を奉答し、なおその細目については内閣において慎重に調査を進めるよう御下命を願う旨の意見が記載される」[31]。

近衛に憲法改正の準備作業を依頼している立場の木戸内大臣自らが、天皇に向けて、そのような立場から後ろに下がって、内閣府へとその作業を委ねる意向を伝えていた。

近衛文麿の退場

季節が秋から冬へと移っていくとともに、近衛文麿の運命はさらに過酷なものとなる。アメリカ国内世論の近衛への風当たりの強さ、そして日本国内での近衛のイニシアティブへの反発の強さを知り、GHQは方針を転換して近衛を憲法改正作業から外す決断をした。

一九四五年一一月一日夜、GHQは突然に「近衛公は連合軍当局によって、この〔憲法改正の〕目的のために専任されたのではない」と声明を発した。(32) そして、東久邇宮内閣副首相格であり、首相の代理として憲法改正作業を任じられた近衛について、新たに幣原内閣が誕生した以上はもはやその役割は終わった、という認識を示した。先に見た通り、実際には近衛は内大臣府御用掛の立場から改正作業に関与していたのだが、いずれにせよGHQは近衛を排除する意向であった。

このような動きの背景には、アメリカ側の権力争いも関係していた。実はアメリカ国務省は、この頃にジョージ・アチソン政治顧問を通じて、近衛の顧問である高木八尺《やさか》東京帝国大学教授——高木は学習院で木戸と同級であり近衛とも近かった——に対して、国務省の要望する憲法改正案の方針を伝えていた。マッカーサーは、このようにワシントンD.C.の国務省が自分の頭越しに近衛と接触していることに我慢がならなかったのだ。(33) 一一月八日に国務省に届いた公電では、アチソンは次のように記していた。

「近衛からの要請に応じて、私たちは彼の委員会が起草したいくつかの条項草案を検討したが、マッカーサー元帥から、この件には今後一切かかわってはならぬとお達しが出た。マッカーサー元帥は近衛が私たちとの協調態勢をさらに強め、それを政治的に利用しようと企んでいると考えているらしい。さらに日本政府には首相を通じて憲法改正案の起草を要請する通達が最高司令官から出されている。したがって、日本政府が憲法改正に関して正式に何かを提出してくるまで、私たちの誰もが手を出すべきではないと考えているようだ。私たちは当然、マッカーサー元帥の意向に従っている(34)」

このようにアチソンと高木が協力して、民主化の徹底を可能とするような憲法改正の方向について検討していたのを、マッカーサーは阻止したのである。皮肉なことに、アメリカ政治史を専門とする高木は、アメリカ政府の意向や国際環境を視野に入れて、かなりの程度大胆な民主化を行う必要を感じており、明治憲法を大幅に改正する意向を示していた。しかしそれも叶わぬ夢となった。

もしもそれが実現していれば、日本はより主体的に、民主化の徹底と、新憲法の制定を行うことができたであろう。しかしマッカーサーは国務省の影響力を排除して、GHQ主導で憲法改正作業を行うためにも、近衛や佐々木、そして高木らの内大臣府のグループを排除して、幣原首相率いる内閣を中心として憲法改正の作業を行うよう方針転換をした。近衛たちのグループは、GHQと国務省との対日占領政策をめぐる権力闘争に巻き込まれるかたちで、不運にして影響力を失っていったのだ。

そのような背景のもと、GHQは「幣原新首相に対し憲法改正に関する総司令部の命令を伝えた」と発表した(35)。ここで、近衛と幣原の運命が大きく逆転していく。戦前の日本で政治舞台の中心にいた近衛は、舞台から強制的に退場させられる運命となる。それとは対照的に、戦前の日本でその国際協調主義的な外交が批判にさらされて孤立していた幣原は、戦後において名誉が回復して、政治の表舞台に押し出される。

近衛の将来は、暗雲に覆い尽くされていた。戦争責任を負うべき人物として、次第に近衛のもとにGHQの手が伸びるようになる。GHQ対敵課報部調査・分析課長で日本語に精通したカナダ人外交官であったE・H・ノーマンは、ちょうどこの時期に書かれた報告書の中で、近衛の戦争犯罪について次のように記していた。

「近衛の公職記録を見れば、戦争犯罪人にあたるという強い印象を述べることができる。しかし、それ以上に、かれが公務にでしゃばり、よく仕込まれた政治専門家の一団を使って策略をめぐらし、もっと権力を得ようとたくらみ、中枢の要職に入りこみ、総司令官に対し自分が現状勢において不可欠の人間であるようにほのめかすことで逃げ道を求めようとしているのは我慢がならない。

一つたしかなことは、かれが何らかの重要な地位を占めることを許されるかぎり、潜在的に可能な自由主義的、民主主義的運動を阻止し挫折させてしまうことである。かれが憲法起草委員会を支配するかぎり、民主的な憲法を作成しようとするまじめな試みをすべて愚弄することになるであろう。かれが手を触れるものはみな残骸と化す[36]」

ノーマンの近衛批判は、感情的ともいえるほど激しいものであった。実際の近衛の思想や立場を考えれば、やや過剰ともいえる厳しい姿勢であった。戦犯容疑者リスト作成に携わったGHQのロバート・フィアリーは、それを作成する上で日本専門家のノーマンに協力を求めたという[37]。

近衛の戦犯容疑者リスト入りは、ノーマンの影響が小さくはない。

歴史家の筒井清忠帝京大学教授は、共産主義に共感を抱くノーマンが近衛のことを過剰ともいえるほど激しく攻撃した理由として、近衛の「反共論者」としての立場があったと推察する。筒井は次のように論じる。「ノーマンが近衛を攻撃した主原因が近衛上奏文とマッカーサー会見に共通する近衛の『共産主義革命脅威論』であったことは間違いないところであろう。史実の解釈が正確かどうかは別にして、その上奏文以来近衛は当時の日本の保守派の中でも最大の『反共論者』となっていたのだから、その意味ではコミュニズムに近いノーマンが近衛を敵視し攻撃したのは『正確な理解』だったともいえよう(38)」。

他方で、ジョセフ・グルー米駐日大使の下で、一九四一年に東京の大使館で勤務経験のあるフィアリーは、「私は近衛首相が戦争回避に努めていたことを知っていたので反対したんです」と、近衛のリスト入りには反対の姿勢であった(39)。フィアリーは、近衛は軍部に体よく利用されたと考えており、近衛の問題は「性格的な弱さと優柔不断なところだった」と考えていた(40)。だが、ノーマンの激しい近衛批判に直面して、それを避けることは難しいと考えるようになる。

近衛を戦犯に含めるべきだという見解は必ずしもノーマン一

E・H・ノーマン

ロバート・フィアリー

人の認識であったわけではなく、すでに見たようにアメリカの世論や、日本国内の世論の大半によっても共有されるものであった。それについて古関彰一は、「近衛の側には『戦争犯罪』はおろか、ポツダム宣言を受諾して連合国に占領されている、との認識がきわめて稀薄であった、としか言いようがない」と論じている(41)。

そして、一一月二八日の第八九回帝国議会の衆議院本会議では、議員の斎藤隆夫が激しく近衛を批判した。斎藤は、幣原首相への質問演説の中で、「支那事変がなければ大東亜戦争はない」ので、「此の戦争を惹起した所の根本責任は近衛公爵と東条大将」にあるとして、「近衛公の戦争に対する責任は実に看過すべからざるものがある」と論じた(42)。

たしかに、近衛は自らの政治責任について軽く考えており、あまりにも無自覚であった。それゆえに日本国民の多くも、戦後の政治舞台で自らが重要な役割を担おうとする近衛の政治姿勢に違和感を抱いていた。日本の世論もアメリカの世論も、もはや近衛にはなんら重要な政治的役割を期待していなかった。彼の政治生命も終わりに近づいていた。

一二月六日にGHQは、近衛に対して戦犯容疑者としての出頭命令を発した。そのとき近衛は、軽井沢にある自らの別荘に滞在して寛いでいたところであった。近衛の運命が、大きく揺れ動く。

最後のメモ

近衛文麿は一二月一一日に軽井沢を発って、東京へ向かった。友人宅で数日過ごした後に、一四日には自宅の荻外荘《てきがいそう》へと入った。戦犯容疑者として巣鴨プリズンに出頭する最終期限日は、一二月一六日である。残された日は、あと二日。

一二月一五日。多くの知人たちが、近衛が居る荻外荘を訪れた。彼らの多くは、近衛の行く末を案じた。自殺を決意しているのではないかと疑う者もいた。近衛はウィスキーを傾けながら、ひとびとの話に聞き入った[43]。

近衛の次男の通隆は心配だった。きっと父は自殺をするのではないか。近衛が風呂に入っている間に、通隆は寝具や衣服のなかにピストルや毒物がないか探した[44]。見つからなかった。夜の一一時頃、来客も帰り家族も寝静まると、通隆は近衛の寝室に入った。「一緒に寝ましょうか」という通隆の申し出に、人がいると自分は眠れないと、近衛は丁寧に断った。しかし、通隆を布団の脇に座らせ、しばらくの間、寛いだ空気の中で雑談をした[45]。

その後に、通隆は「何か書いてください」と鉛筆便箋を渡した。近衛は自らの半生を回想し、これまでの歩んだ道のりを振り返った。これまで実にいろいろなことがあった。そして、自らの思いを書き残した。

「僕は支那事変以来、多くの政治上過誤を犯した。之に対して、深く責任を感じて居るが、所謂戦争犯罪人として、米国の法廷に於て裁判を受ける事は堪へ難い事である。殊に僕は支那事変に責任を感ずればこそ、此事変解決を最大の使命とした。そして、この解決の唯一の途は、米国との諒解にありとの結論に達し、日米交渉に全力

荻外荘

を尽くしたのである。その米国から、今犯罪人として指名を受ける事は、誠に残念に思ふ[46]」

若き日々から、近衛は英米の掲げる正義を偽善とみなして、それを批判する自らの政治姿勢を隠さなかった。その近衛が、アメリカの正義によって裁かれる運命となった。それだけはどうにかして逃れたいことであっただろう。

午前二時を過ぎた頃、通隆は「明日、（巣鴨へ）行っていただけますね」と念を押した。「そのとき、父はいやあな顔をした」と、通隆は覚えている。[47] そして、用があったら呼んでくださいと伝えて、部屋を出た。それが父との最後の会話となった。

歴史の審判

一二月一六日未明、近衛は一人になった寝室で青酸カリを用いて自殺をした。公爵家の華麗なる血筋を引く華族政治家の終焉である。享年五四であった。

一二月二五日、神式による十日祭が行われたその席で、第二次、三次近衛内閣の内閣書記官長で近衛と親しい関係にあった富田健治は、近衛のいくつかの言葉を紹介した。在りし日の近衛を思い出しながら、富田が近衛に対して、「軍事法廷において堂々と真実を発表して世の公正な批判をうくべきである」と述べた会話を、参列者に伝えた。富田によれば、それに対して近衛は次のように反論したという。

「今日は中傷と誤解とが渦を巻いている。何を話しても弁解だ、ウソだというのだ。又自分の利益の為には何を言い出すか解らない人達と泥仕合をすることにもなる。泥仕合は僕はいやだ。今は世人の理解が得られなくとも少しもかまわない。何時かは公正な批判に依って諒解される秋のあることを確信する。自分は百年後世史家を俟つ心持ちである[48]」

だが、周りの評価は決してそのような近衛の期待に応えるものではなかった。長年の友人である有馬頼寧は、つぎのように近衛の行動を批判している。

「近衛公が自ら死を選ぶだけの決心があるなら、其勇気を何故もつと早く出さなかつたか。太平洋戦争が日本にとつて絶対に避けねばならぬと信じてゐた公が、又公の決心如何によつてそれが避け得られる状勢にあつたのだとしたら、何故其時に死を決してそれを阻止するだけの覚悟をされなかつたか。私は日本の為めにも亦公自身の為めにも惜しまれてならない[49]」

実に厳しくも、適切な評価というべきであろう。

近衛にとって不幸なことに、七〇年を過ぎて新しい史料が公開されても、歴史は近衛に対して必ずしも優しくなることはなかったのだ。歴史は残酷である。

無責任と弱さ

昭和天皇は近衛の自殺の報に接して、高松宮に向かって次のようにつぶやいた。「仕方があるまい。近衛は気が弱いから。気の毒をした」。さらに、翌年春には側近に向かって、次のように近衛についての回想を述べていた。

「近衛は思想は平和的で、ひたすらそれに向かって邁進せんとしたことは事実だが、彼は自分に対する世間の人気ということを余りに考え過ぎた為、事に当って断行の勇気を欠いたことは、遂に国家を戦争という暗礁に乗り上げさせて終い、次に立った東条の最後の努力をもってしてもこれを離礁せしめることが出来なかった(50)」

天皇の言葉は、近衛に対する一定の同情を示しながらも、的確で厳しい内容であった。軍部の圧力の下で、それに抵抗する勇気のない近衛の行動に対して、天皇が幾度となく不満を抱いていたことがうかがえる。近衛は気の弱さゆえ、そして勇気を欠いていたゆえに、自らの意図に反して結果として日本を誤った方向へ導いてしまったのだ。そのことが、戦争責任に対する無自覚さと、戦後政治への強い意欲として表出してしまったのだろう。

近衛が政治の舞台から退き、また自害をしてこの世を去ったことは、一つの時代の終わりを象徴するかのようであった。それは、それまでの日本政治の病理でもあった、独善的で反英米主義的なイデオロギーであり、自己の正義の絶対化であり、国際主義の欠如であった。かつて第一次世界大戦後のパリ講和会議に参加した近衛は、英米批判の論文によって一躍日本の国家主義者の間でもてはやされて、政治の檜舞台に祭り上げられた。そして三度にわたり首相を経験し、その無責任と無自覚から意図せずして、日本を戦争の道へと導いた。戦後においても同様に、政治の舞台で自らの理想を実現しようと奔走し、GHQと国内外の世論の反発から、その舞台から引きずり下ろされた。国際主義のイデオロギー、そして対英米協調が基調となる新しい戦後政治のなかでは、近衛が活躍できる舞台はもはや存在しなかった。だとすれば、不運にもその舞台から退くほかはなかったのである。

近衛の自害は、大日本帝国の抱えていた宿痾ともいえる無責任と弱さを象徴するかのようであった。はたして誰に戦争責任があるのか。なぜ戦争を開始する必要があったのか。それを十分に自覚せず、その責任を十分に感じていない近衛の認識は、当時の多くの国民によっても共有されるものであったのだろう。日本は独裁と専横のもとで戦争に向かったのではない。むしろ近衛が示すような無自覚と無責任、そして絶望的な弱さから戦争に向かったのである。そのことが、戦争責任を語る際の当事者意識の欠如として、根深い問題として戦後日本を悩ませることになる。

それを示すかのように、近衛は自殺に至る直前の時期に、軽井沢の山荘を訪れた新聞記者を前に次のように、あまりにも率直に語っていた。「戦争前には軟弱だと侮られ、戦争中は和平運動者だとのゝしられ、戦争が終れば戦争犯罪者だと指弾される。僕は運命の子だ」[51]。さらには、次のようにも述べている。「僕は運命の子だ。僕の周囲に今まで去来した数々のいろいろな分子、右といはず左といはずいろいろな人々が僕を取巻いたことが、否、取巻かれてゐたことが、今日の僕の運命を決定したのだ。これは僕の責任でもあり、悲しい現実であるのだ[52]」。

「僕の責任」という言葉はあるものの、そこには、自らの責任で国家を戦争へと導いたことに対する自覚、さらには首相としての圧倒的な当事者意識が驚くほど欠けている。近衛の無責任と弱さは、大日本帝国の無責任であり弱さであった。運命に翻弄され、それに悲嘆した近衛は、自らの手で運命を掌握して、それを変えて行く力強さを持ち合わせていなかった。近衛の政治観のなかには、マキアヴェッリがかつて語ったような、自らの力で運命を切り開いていく権力感覚は不在であった。戦後、新しい国家を建設する日本人は、そのような無責任や弱さとは訣別しなければならない。

近衛の没後に、近衛の伝記編纂への動きが見られた。近衛が自殺したときの首相である幣原喜重郎は、その伝記編纂事業の発起人となることを要請された。しかし幣原はこの要請を拒絶した。というのも幣原は、「太平洋戦争を引き起した責任は何と云つても近衛公や木戸侯等にある」と考えていたからだ[53]。

戦後に新しい国家を建設していく上で、首相である幣原は自らの名前が近衛と結びつくことを拒絶した。近衛的なイデオロギーと訣別することこそが、戦後日本が新国家として再出発するために不可欠だと考えたのであろう。それは確かに非情ではある。だが、日本が新しい「国のかたち」をつくっていく上でそうすることが必要だったのだ。伝記編纂事業の発起人となることを拒絶したこと自体は小さなエピソードである。だが、それは幣原にとっては決して小さくはない、重要な意思表示であったのではないだろうか。

3　幣原喜重郎の戦後

「政治の組立から改めなければならぬ」

一九四五年八月一五日の朝。

政治の表舞台から離れて久しい元外相の幣原喜重郎は、自らが会長を務めていた日本倶楽部に足を運んでいた。この日本倶楽部は、もともと一八九七年に貴族院議長を務めていた近衛篤麿公爵らによって設立された社交クラブで、その長男の文麿も後に副会長を務めている。この日、幣原は日本倶楽部の二階図書室の備え付けの受信機で、天皇の玉音放送を聴くことになった[54]。

国民の多くが玉音放送における天皇の言葉に涙して、精神的な衝撃を受けた。日本はこれからどうなってしまうのだろう。これからは何を心の糧として生きていけばよいのだろう。

その帰り道、電車の中で幣原は三〇代のある男性に出会った。そして幣原は、その男性の次のような悲痛な叫び声を耳にした。

「一体君は、こうまで、日本が追いつめられたのを知っていたのか。なぜ戦争をしなければならなかったのか。おれは政府の発表したものを熱心に読んだが、なぜこんな大きな戦争をしなければならなかったのか、ちっとも判らない。戦争は勝った勝ったで、敵をひどく叩きつけたとばかり思っていると、何だ、無条件降伏じゃないか。足も腰も立たぬほど負けたんじゃないか。おれたちは知らん間に戦争に引入れられて、知らん間に降参する。怪しからんのはわれわれを騙し討ちにした当局の連中だ[55]」

このように怒鳴って、しまいにこの男性は泣き始めた。いったい、自分の身の回りで何が起こっているのか、さっぱり分からなかったのだろう。電車内のまわりの群衆もこれに呼応して、騒然となった。幣原はこの光景に強く心を打たれた。というのも、「彼らのいうことはもっとも至極だと思った」からだ[56]。

それを受けて、幣原は回顧録で次のように書いている。「もちろんわれわれはこの苦難を克服して、日本の国家を再興しなければならないが、それにつけてもわれわれの子孫をして、再びこのような、自らの意思でもない戦争の悲惨事を味わしめぬよう、政治の組立から改めなければならぬということを、私はその時深く感じたのであった」[57]。

幣原喜重郎についての優れた評伝を刊行した外交史家の服部龍二中央大学教授は、「もっとも、幣原にとっての敗戦は、必ずしも失意の底を意味しなかった」と論じる。「それどころか再起への契機となる」はずであった[58]。幣原は明るい日本の未来を描くだけの、精神的な強さを持っていたのだ。

それを明確に示すかのように、幣原は敗戦直後に新日本建設のために次のように友人に書き送っている。すなわち、「内に整然たる秩序治安を維持し、外に我信義公道を重んずるの方針を実証し、以て外国側の我が国に対する信頼の念を深からしむるの外無之」[59]。その後に、幣原は「終戦善後策」と題するメモを書きまとめ、それを東久邇宮内閣の外相であり、長年の友人でもある吉田茂に送っている。そこでもまた、「連合国の我が国に対する信頼の念を深からしむること」の重要性を指摘していた[60]。

幣原喜重郎と吉田茂に共通しているのは、戦後日本が再出発し、新国家を建設する上で、国際社会における信頼を回復することを何よりも重視していたことである。戦前および戦中において、日本があまりにも狭い視野から国益を追求するあまり、そして自らの国防をあまりにも不安に感じるあまり、虚偽と、陰謀と、背信に基づいた外交を行ったことで、国際的な信用を失ったことへの反省によるものであった。

そして、そこでいう「国際社会」とは、必然的に現実に存在する国際社会、すなわち英米が中心となって規範やルールを確立した国際社会であった。だとすれば、自らの好き嫌いに拘わらず、国際社会と協調することは英米協調路線を歩むことに他ならなかった。それは、イデオロギーである以上に、日本の国益であって、長期的な戦略であるべきであった。たとえそこに不満があり、不正義があったとしても、そのような国際社会の内側で、規範やルールを修正させて自らの利益を実現することが求められていたのだ。英米両国と敵対し、その国際秩序を破壊しようとすることは、日本の国力を考えてもあまりにも非現実的で、代償の大きなものとなるであろう。

そのような論理的な思考の帰結として、幣原や吉田はアメリカやイギリスと協力をして、国際主義のイデオロギーを包摂して外交を進めていく必要性を感じていた。それは正義の問題である以上に、日本の国益の問題であった。国際社会への挑戦者となり、破壊者と見なされることで、日本は国際的な信頼を失うであろう。幣原や吉田は、長期的な視野から国益を考慮する視座を持ち合わせていた。日本の信頼や名誉が傷つけられることは、日本の国益の根幹を損なうことに繋がる。そのような理解を持った指導者たちが戦後の日本の政治の舞台に立ったことは、日本にとって幸運だったというべきであろう。

幣原喜重郎の再登場

日本がミズーリ艦上で降伏文書に調印してから、一ヵ月ほどが経過した。東京千駄ヶ谷の家や家財が戦災に遭い、途方に暮れていた元外相の幣原喜重郎は、鎌倉にある家へと引っ越しをしようと荷物を積んでいた。焼け野原となった東京を離れるつもりであった。そのときに、宮内省の自動車が幣原のもとにやってきて「早速御参内相成度」という侍従長からの手紙を手渡した。なんと天皇が幣原との面会を求めていると書かれているではないか。いったいどのような要件であろうか。

一〇月六日に宮内省に行くと、天皇がそこで待っていた。大変な名誉であった。天皇はそこで幣原に対して内閣組閣の大命を降下した。七三歳となる幣原は、高齢であることからもその任に堪える確信がなく辞退しようとした。すると天皇は幣原に向かって、「今日の難局に処して、一体確信のある者が何処にいるだろうか、だれも確信はなかろう」と応じた[61]。天皇のその強い意を汲んで「生命を投げ出してもやらねばならぬ」と決心をした。もはや、自らの非力を嘆くときではない。「幣原にはこの大役が勤まるという自信はございませんけれども、全力を尽して御意を奉じましょう」と述べ、その場を辞した[62]。

一九四五年一〇月九日、東久邇宮稔彦王内閣を継いで首相となったのは、戦前の国際主義を象徴する存在ともいえる幣原喜重郎であった。それを国民の多くは、意外な心境で見つめたことであろう。というのも、幣原がすでに高齢であることに加えて、一九三一年一二月に外相の座を退いてからというもの、一四年もの長い年月、政治の表舞台からは遠ざかっていたからである。もはや国民の記憶から、幣原の名前は消えかかっていた。

満州事変時の外相である幣原の名前は、日本国民の多くにとってかすかな記憶が残る程度であった。ある新聞記者が、幣原への大命降下を聞いて、「幣原さんはまだ生きていたのか」と述べたというのも、うなずける[63]。だが、言い換えるならば、満州事変以降、政治の表舞台から遠ざかり、日本の国際協調主義の精神を象徴する存在だからこそ、幣原に新しい首相として白羽の矢が立ったのだ。

すでに述べたように、この幣原から一九五二年四月の主権回復時の首相である吉田茂まで、占領期の四人の首相のうちで三人までが元外務官僚である。それは、日本が連合国の占領下に置かれており、とりわけアメリカ政府やＧＨＱとの関係が死活的に重要であることにくわえて、英語での会話が可能であり、また国際情勢を理解する能力を有する者こそが、その任に相応しかったからであろう。また、国際主義を回復し、国際的信頼を取り戻すことが、戦後の日本にとってはきわめて重要であったからであろう。その意味では、戦前の日本を代表する国際主義者である幣原が、戦後において政治の舞台に再登場することは、必然でもあった。

幣原はその回顧録の中で、自らが内閣を組閣したときの心境を次のように綴っている。

「戦後の混とんたる世相の中で、私の内閣の仕事は山ほどあった。中でも一番重要なものは新しい憲法を起草することであった。そしてその憲法の主眼は、世界に例のない戦争放棄、軍備全廃ということで、日本を再建するにはどうしてもこれで行かなければならんという堅い決心であった[64]」

確かに幣原は戦前に軍部の圧力に苦しみ、戦争放棄という理想に共鳴したことであろう。しかし、その理想を憲法に盛り込むとなると、世界でも前例のないことであった。はたして幣原は、首相としてどのように憲法改正に向けて対応したのだろうか。そして、どのようにＧＨＱに向き合ったのだろうか。

幣原内閣と昭和天皇

幣原喜重郎の名前は一般的に、戦後の首相として新憲法制定の道筋を付けて、とりわけ憲法九条の「発案者」であることによって記憶されている。しかしながら、幣原が何よりも重視したのは、天皇制の維持であった。天皇制を維持してはじめて、日本は新しい国家として戦後の歴史を歩むことができる。天皇制を失えば、その後に待っているのは混乱と無秩序であろう。幣原は、天皇制維持という目的を達成するための手段として、新憲法制定と戦争放棄条項が必要だと判断したのだ。

そのことを、占領史研究の大家である天川晃教授は次のように説明する。

「幣原内閣が日本国憲法への転換の役割を担いえたのは、国際的信頼を重視し国民の民意の反映を念願とする幣原首相の決断によってであった。幣原がこの憲法の大転換によって選択したのは天皇制の維持であった。戦後の天皇制は、国民の平和への強い決意と国際的信義を重んずる指導者の道徳的勇気によってのみ維持し得るものであることを、幣原喜重郎は身を以て示したのである(65)」

一九四五年秋から一九四六年春にかけて、国際情勢と日本国内の政治状況は大きく揺れ動いており、天皇制の将来についても不透明性が増していた。

まず、幣原内閣が成立した時期と時を同じくして、ＧＨＱは日本政府に政治犯の釈放を命じており、それによって日本共産党の活動が公然と始まった。日本共産党は、天皇制批判を展開するようになり、一〇月下旬頃からその機関紙「赤旗」等でも断続的に、「天皇制打倒」の主張がなされていた(66)。

天皇制批判がなされていたのは、日本国内だけではなかった。アメリカ国内や中国国内でも、日本の侵略の源泉を天皇制という国家体制に求めて、それゆえに天皇の戦争責任を説いて、天皇制を廃止して戦後に新しい民主的な国家を建設するよう求める声があった。ワシントンD.C.では、とりわけそのような声が、海軍省と国務省の一部から強く聞こえてきた(67)。はたして、天皇制が平和国家の前提になりうるということを、うまく説得することができるのだろうか。

そのような中で、幣原内閣は一九四五年一一月五日に、戦争責任に関する天皇の免責を明確化する閣議決定を行った。そこでは、天皇が「対米交渉を平和裡に妥結」しようとしたが、「開戦の決定、作戦計画の遂行等に関しては憲法運用上確立せられ居る慣例に従はせられ」たと結論づけた(68)。

高齢ながらも首相の重責を引き受けた幣原は、「最後の御奉公」として天皇制を維持することを何よりも大きな目標として設定したのであった。問題は、その目標を達成することが、必ずしも自明でもなければ、容易でもなかったことである。それを可能とするような、何か良い智恵が求められていたのだ。

天皇制維持への逆風

これらの問題を理解するためには、この時代の日本を取り巻く国際政治と結び付けて考慮することが必要だ。というのも先に述べた通り、国際社会においてこの時期に天皇制維持への逆風が強まっていくからだ。

戦勝国間での戦後処理に関する外交交渉が始まると、アメリカ以外の諸国が、自らも対日占領政策へ関与できるように強く求めてきた。

最初にそのような要望を訴えたのは、対日戦の勝利で一定の貢献をなしたイギリスであった。とりわけイギリスは英連邦の盟主として、日本が再び軍国主義国家として復活することを恐れるオーストラリアやニュージーランドの意向も考慮しなければならなかった。それに続き、ソ連政府と中華民国政府も対日政策への関与を強く要求した。

アメリカ政府の意向で、一九四五年八月二一日に、アメリカ、イギリス、ソ連および中国の四ヵ国が参加する極東諮問委員会（ＦＥＡＣ）の設立案が合意された。同年の一〇月三〇日に極東諮問委員会の第一回会合がワシントンで開かれたが、この機関がアメリカに対する「勧告」の権限しかもたないことに、イギリスやソ連などの政府内では不満が募っていた[69]。この委員会は、アメリカの対日単独占領を許容するための、形式的な組織に過ぎなかった。とりわけソ連や中国は自らの関与を拡大することを要求していたが、そうなれば天皇の戦争責任が問われて、さらには天皇制が廃止される可能性も生じる。

アメリカ政府内では危機感が強まった。ソ連や中国などから聞こえてくるそれらの批判を退けるためにも、一刻も早く日本の民主化の徹底と、憲法改正を進めなければならない。とりわけ中国政府が天皇の戦争責任を追及しはじめたことで、より一層懸念が強まっていた[70]。憲法制定史に詳しい原秀成は、「日本の管理をめぐりロンドン外相会議で、中華民国がソヴィエト連邦に同調し、米ソ間で決裂をした1945年9月25日［火曜日］こそ、米国国務省内で憲法制定の準備が開始された日だった」と述べる[71]。

ソ連政府や中華民国政府だけではない。アメリカ政府内部でも、天皇の戦争責任を追及する声があった。ちょうどこの頃には、国務・陸軍・海軍三省調整委員会（SWNCC）の極東小委員会の海軍代表委員であるウィリアム・デニソン海軍大佐が、天皇制の廃止こそがアメリカの国益であると主張していた。そしてそのような方向性で憲法改正を進める必要があると説いた[72]。天皇の戦争責任を追及する声は、アメリカ国内でも大きくなりつつあったのだ。

結局、この三省調整委員会極東小委員会では、委員長であるジョン・カーター・ヴィンセントが、それらの批判を退ける姿勢をとることになった。すなわち、日本国民こそが自分たちの将来の政体を決定する権限を有する、としたポツダム宣言の条文を参照して、次のような方針で日本の民主化徹底へ向けた報告書を作成することを決定した。すなわち、「日本の政治体制は、究極において自由に表現された日本国民の意思によって確立されるべきだが、現行の天皇制を維持することは前述の目的に齟齬をきたす[73]」。

このことは、天皇制の維持を前提としながらも、憲法改正によって従来の天皇の権限を大幅に制限することを想定するものであった。明治憲法と同じような天皇制の国家体制を存続させることは許容できないが、抜本的な民主化の改革を前提とするならば天皇制それ自体を維持することは可能であろう。

そのような方針に、国務省代表の日本専門家であるヒュー・ボートンは安堵していた。ボートンは、天皇制を維持することこそが、アメリカの占領政策を円滑に進める上で不可欠であると考えていたのだ。天皇の権限を大幅に制限し、民主化を徹底して、平和国家としての道のりを確かなものとするような憲法改正を実現できれば、それはアメリカ政府にとっても連合国にとっても受け入れ可能であり、それゆえに天皇制維持も可能となるであろう。

アメリカ政府は、そのような天皇制の下での民主化を実現するため、天皇の戦争責任を追及する潮流に対して適切に対応することが求められていた。一二月一二日に、ソ連に駐在するアメリカのアヴェレル・ハリマン大使は、日本管理問題でアメリカは独占的な地位を得ようとは思っていないと、ソ連のイワン・マイスキー外務次官に伝えた。そして、その責任をイギリス、中国、ソ連と共有する意向を伝えた。(74)

モスクワ外相理事会での外交交渉の結果として、一九四五年一二月二七日の共同声明によって、極東委員会と対日理事会の創設が正式に発表された。極東委員会はワシントンD.C.に設置されて、米英ソ中などの一一ヵ国がそこに参加することになった。これからはこの極東委員会が、対日占領に関する最高意思決定機関となる。

この極東委員会の付託条項によれば、「日本国の憲法構造」における根本的変革を処理するいかなる指令も、「極東委員会における協議を経、かつその合意が達成されたときにのみ、発せられる」と記されている。(75) これは、その後の日本の運営を左右する、きわめて重要な決定であった。すなわち、日本が憲法改正を行う際には、極東委員会の承認が必要となるのである。これは、ソ連や中国、オーストラリアのような対日強硬派の諸国の意向を、憲法改正に反映させる必要が生じたことを意味する。このような合意を前提として、アメリカ政府は憲法改正問題に対処しなければならない。もはや、天皇の戦争責任を問うことを求めるソ連や中国、オーストラリアの要求を、無視することができなくなってしまった。

またGHQの諮問機関であり、連合国の日本占領管理機関である対日理事会を、米英ソ中の四大国の代表により東京に設置した。実質的な対日占領政策はアメリカ政府の意向に基づいて進められたが、制度的には対日理事会におけるソ連や中国などの意向も無視できなくなっていった。明治憲法の改正も、この対日理事会の承認が必要となる(76)。

そのようななかで、どうすれば天皇制を維持できるのか。どのように日本の民主化を進めていけば、天皇制の維持を保証できるのか。それらを考えることもまた、新しい「国のかたち」をつくっていく作業の一環である。とはいえ、幣原首相も政府の中枢にいた関係者の多くも、この時点においてはまだ、国際情勢の変化に伴って天皇制維持が容易ではなくなったという現実を、必ずしも十分に認識できていなかった。彼らは、明治憲法をそのまま用いても、天皇制維持や民主化の実現、平和国家への転換が可能だと考えていたのだ。それはとても連合国にとって受け入れ可能なものではないという認識が完全に欠落していた。

ヒュー・ボートン

保守的な憲法問題調査委員会

幣原首相は、一〇月二五日に憲法問題調査委員会を設置した。日本政府が早期に憲法改正へ向けて、そして民主化の徹底に向けて動き始めることをマッカーサーが求めていることは明白であった。

問題は、すでに見たように、内大臣府において近衛を中心に憲法改正へ向けた検討が本格化していたことである。[77] 幣原は、内大臣府ではなくて内閣こそが憲法改正へ向けて責任ある中核的な役割を担うべきだと考えた。また、それ以前に、そのイデオロギーや政治理念に対する不信感からも、近衛が中心となって憲法改正の作業を進めることへの疑念があったことであろう。

ところが幣原の側にも問題があった。この幣原の下で組織した委員会において、明治憲法を改正する意欲がほとんど見られないことであった。幣原の下に集まった東京帝国大学法科出身の憲法学者を中心とする法学者たちは、明治憲法を絶対視しており、「不磨の大典」である憲法の条文に可能な限り手を加えるべきではないという姿勢であった。

憲法問題調査委員会には、委員長であり元東京帝大教授の松本烝治国務大臣の下に、宮沢俊義東京帝大教授、清宮四郎東北帝大教授、河村又介九帝大教授、石黒武重枢密院書記官長、楢橋渡法制局長官、入江俊郎法制局第一部長、佐藤達夫法制局第二部長が委員として加わっていた。実質的には、松本烝治と宮沢俊義の二人が中心となって検討作業を進めていたとされる。

松本烝治委員長は、明治憲法を改正する意志をほとんど持っていなかった。松本自らが、この委員会について、「この調査会は学問的な調査研究を主眼とするものであるから、若し改正の要ありといふ結論に達しても直ちに改正案の起草に当るといふことは考へてゐない」と断言している。[78]松本も宮沢も、戦後日本が再出発する上で、明治憲法をそのまま用いて、憲法解釈を柔軟に変えていくだけで十分に対応できると考えていたのだ。それはあまりにも、当時の国際情勢を無視した、内向きの思考であった。

宮沢の恩師であり、この憲法問題調査委員会の顧問でもあった美濃部達吉はちょうどこの頃に、「朝日新聞」紙上で、「憲法の改正はこれを避けることを切望して止まない」と書き記し、解釈の変更のみで戦後に新国家として再出発できると考えていた。宮沢もまた、美濃部や松本委員長と同様に、憲法改正には反対であった。宮沢は、「憲法の改正を軽々に実施するは不可なり」とこの年の九月の講演で述べている。[79]

松本烝治

明治憲法は、この時代を生きる多くの日本人にとって血であり肉であり、その呪縛は絶大であった。それを根本から改正するという思考は、内側からは湧いてこなかったのだ。そして彼らは、憲法を改正して、認識を改めない限り、天皇制の維持が困難になっているという国際情勢の変化を、ほとんど視野に入れていなかった。日本における憲法規範という、閉じられた宇宙の中で生きていたのだ。

それはまた、当初の幣原首相の認識でもあった。幣原は組閣間もない頃から、憲法改正について「極めて消極的にして、運用次第にて目的を達す」と考えていた。[80]一一月二八日の衆議院

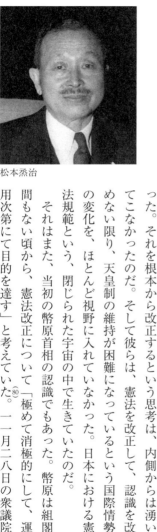

演説において、憲法改正の必要性を問う斎藤隆夫の質問を受けた幣原は、それを時期尚早と考えて、次のように答えた。「帝国憲法の条規は弾力性に富むものでありまして、民主主義の発展に妨害を加へることなく」[81]。

そのような幣原の姿を見た旧知のイギリス人歴史家ジョージ・サンソムは失望して、幣原は「年老いて疲れており……国内政治の経験はなく……未来よりも過去に関心を示していた。……絶望的な危機にある国を主導するには明らかに不向きだ」と述べていた[82]。かつて、一九二〇年代に日本の国際協調主義の精神を支えていた幣原といえども、新しい時代の要請に応えることはできないのではないかと、サンソムは疑問を感じた。

日本をとりまく国際情勢が厳しさを増して、とても楽観できる状況ではなかったことを、多くの日本人は気づいていなかった。ポツダム宣言やGHQの意向に従って統治機構などを大きく改編することが求められていたにも拘わらず、幣原や松本、そして宮沢は、それまでの統治機構にあまりにも慣れ親しんでおり、それゆえ「不磨の大典」である明治憲法を改正することを阻止しようという決意であった。

他方で、もしも日本人が自主的に改革できないとなれば、その運命はGHQの手に委ねられる、というような簡単な話でもなかった。先に触れたように、この頃にはソ連政府、中国政府、イギリス政府などが日本管理に加わることを強く要求しており、そうなればより過酷で、懲罰的な占領政策となるであろうし、より日本にとっては受け入れ困難な憲法改正となるであろう。GHQといえども、絶対的な権限を有するわけではなく、国際的合意を基礎にその権限が与えられているに過ぎない。

守旧的な幣原の認識が変わるひとつの契機となったのが、一九四六年一月二四日の幣原＝マッカーサー会談である。幣原首相自らがマッカーサーに会って、意見交換に臨むことになった。幣原の関心は、天皇制の維持であった。幣原は、「どうしても天皇制を維持させておいてほしいと思うが協力してくれるか」と尋ねると、マッカーサーは「出来る限り協力したい」と応えた[83]。

この会談について、服部龍二は、「総じていうなら、幣原とマッカーサーが最重視したのは天皇制の存続であった」と論じる。そして、「戦争放棄を『ハツキリと世界に声明する事』は、その手段として位置づけられた」と述べる。というのも「戦争放棄を宣言することで、天皇制に批判的な国際世論を懐柔せねばならない」からであった[84]。

戦争放棄条項の誕生

それでは実際のところ、憲法九条の戦争放棄条項についての提案は誰が行ったのだろうか。それは、マッカーサーの回顧録に書かれているように、幣原が最初に述べたのか。あるいはマッカーサーの提案なのか。当初は憲法改正の必要を感じていなかった幣原は、戦争放棄の問題をどのように考えていたのか。この点について、服部が新しい事実を紹介している。

服部は、このような幣原の戦争放棄に関する理念の出所を、元外交官でイタリア大使であった白鳥敏夫に求めている。白鳥がA級戦犯として東京裁判で有罪となったことを考慮すれば、これは実に皮肉なめぐり合わせであった。白鳥は、一九四五年一二月一〇日付で、吉田茂外相に対して英文の書簡を送っている。そのなかで白鳥は、「憲法史上全く新機軸を出すもの」として、「天皇に関する条章と不戦条項とを密接不可離に結びつけ」るべきだと記していた。いわば、天皇制を守るために、戦争放棄を憲法に盛り込むという発想であった[85]。

この書簡自体はGHQに検閲の末にしばらく接収されていたが、同様の内容を白鳥は直接吉田に伝えている。そして、同じ内容が書かれた書簡を接収が解除になってから渡された吉田は、その書簡を幣原に渡している[86]。すなわち、吉田外相経由で、このような白鳥の戦争放棄論が幣原に伝わっている可能性が高い。そうだとすれば、幣原による戦争放棄条項の提案の出所は、白鳥ということになろう。

ちなみに白鳥は外交官として、一九二八年八月にパリで調印された不戦条約、すなわちケロッグ＝ブリアン条約の調印式に、内田康哉全権代表の随員として参加している[87]。白鳥はこの不戦条約の理念を想起して、かつて外務省の同僚であった吉田外相さらには幣原首相にそのような理念を伝えて、それによって天皇制が維持できるという方法を伝えたのだろう。今までしばしば、この憲法九条第一項の戦争放棄条項が一九二八年の不戦条約に思想的淵源があると語られてきたが、服部はその経路を白鳥敏夫に注目することで明らかにした。

いわば、幣原も、白鳥も、いずれも天皇制を維持するという目的のために、平和憲法の象徴ともいえる憲法九条の戦争放棄条項に繋がる提案を行ったといえる。幣原首相と吉田外相は、戦前の日本の外務省で国際協調主義の重要性を主張する中心的な存在であって、また軍部の専横に苦しめられてきた存在であった。彼らには、明治憲法下の統帥権を盾にする陸軍と海軍の暴走を許したという反省から、平和主義に徹して軍部に制限を設ける戦争放棄の思想に共鳴するのは、自然なことである。憲法改正の作業が幣原内閣で行われたということは、そこに必然的に国際協調主義の精神が埋め込まれたことを意味する。いわば、戦前日本の国際主義と自由主義の精神を存分に吸収してきた幣原と吉田という二人の元外務官僚が、首相および外相として新憲法制定に携わり、そこに国際主義と平和主義の理念を復元させた意義は大きい。

他方で、憲法問題調査委員会の松本烝治委員長や宮沢俊義委員は、幣原や吉田とは異なる考えを有していた。彼らは明治憲法の体系を維持することを何よりも優先して考えており、「不磨の大典」の条文を護ることをほとんど唯一無二ともいえるような使命とし、可能な限り憲法改正を回避しようと試みていた。そのような頑迷な姿勢を崩さなかったことで大胆な改革を要望するマッカーサーの怒りを買い、松本烝治が作成した憲法改正案はＧＨＱに峻拒される。結局、ＧＨＱ案に基づいた新憲法が起草される運命となってしまった。もう少し松本や宮沢が国際的な潮流を理解して、民主化の徹底や天皇の権限の縮小という柔軟性を示していれば、日本人がより主体的に新憲法を起草できたはずである。彼らの頑迷さと内向きの思考が日本が自らの手で憲法を自主的に起草する機会を喪失させたと言えないだろうか。ここにおいても、国際情勢の潮流を適切に理解できないという日本の宿痾を観ることができる。

その宮沢俊義が、そもそも明治憲法の軍部が強大な権能を持

白鳥敏夫

つ条文を改正する必要がないと考えていたにも拘らず、後には護憲を掲げて憲法九条の理念を強く擁護するようになるのは、なんという皮肉であろうか。それは体制に対する従順性と順応性の結果かも知れない。彼らの使命は、「不磨の大典」ともいわれる憲法の条文を、戦前においても戦後においても、一言一句を変えずに死守することにあったといえる。彼らを超越する力で、それを改正する圧力がかかったときには、いかにも彼らは無力であった。結果として憲法が大幅に改正されたのであれば、奇妙なことに今度はその新憲法を頑迷に保守することが自己目的化されていく。

また、憲法改正に消極的で、天皇主権の規定も残すことができると考えていた宮沢俊義が、憲法改正が確実となってしまった一九四六年半ばになると「八月革命説」を唱えて国民主権を訴えるのは興味深い。もしも本心から一九四五年八月のポツダム宣言受諾により天皇主権から国民主権への革命的転換が実現したと宮沢が信じていたとすれば、憲法改正においてより勇気ある提言を行うことができたはずである。むしろ「八月革命説」とは、戦前の天皇主権から戦後の国民主権へと「国体」が推移したと事後的に説明することで、彼らが連合国からの圧力によって憲法上の論理を転換したことを覆い隠す意義を持ったものというべきであろう。

いずれにせよ、戦後初期に、幣原首相をはじめとして多くの政治指導者が頭を悩ませたのは、いかにして国内的及び国際的な批判を排して、天皇制を維持するかということであった。当時の日本の指導者層の間では、国際主義的な考えを持つ者も含めて、皇室を中心に国民が団結しなければ日本の秩序ある再建は望めないという認識が、広く共有されていた。そのためにも戦争放棄の条項を憲法に含めれば、たとえ天皇制を維持したとしても、戦後の新国家となった日本が明治憲法下の日本のような過ちを再び繰り返すことはないと、国際社会に主張できるであろう[88]。幣原の脳裏にそのような発想が浮かんでも不思議ではない。戦争放棄の理念を憲法に含めることは、天皇制を維持するためのやむを得ぬ苦肉の策であったのだ。それでもなお、戦前の国際舞台での経験からそのような戦争放棄の理念に積極的な意義を見いだすところに、幣原の本領が発揮されていたといえよう。

4　アメリカが創った憲法

ＧＨＱの動き

憲法改正へ向けたアメリカ政府内での動きは、このときの国際情勢と緊密に連動していた。まず、すでに見たように、一九四五年一二月のモスクワ外相理事会で、極東委員会と対日理事会の設置が決まった。それによって正式に、天皇制の廃止を求めるソ連政府や中華民国政府が、日本管理の問題に関与をすることが可能となった。極東委員会の参加国のなかでは、ソ連や中国のみならず、日本に対する脅威認識が強いオーストラリア政府やニュージーランド政府、さらにフィリピン政府もまた、天皇制の廃止や天皇の「戦争犯罪人」としての極東国際軍事裁判への出廷を求めていた。

マッカーサーは、天皇と会って個人的にその人柄に惹かれたのみならず、円滑に占領政策を進めるためにも天皇制を維持することが得策だと考えるようになっていた。マッカーサーは、一九四六年一月二五日に陸軍参謀総長のドワイト・アイゼンハワーに宛てて、つぎのような返書を送っていた。

「指令を受けてから、天皇に対してとりうる刑事上の措置につき、与えられた条件の下で調査がなされてきた。過去一〇年間に日本帝国の政治決定と天皇を多少なりとも結びつける明確な活動に関する具体的かつ重要な証拠は何ら発見されていない。……天皇を起訴すれば、間違いなく日本人の間に激しい動揺を起こすであろうし、その反響は計り知れないものがある。

まず占領軍を大幅に増大することが絶対に必要となってくる。それには最小限一〇〇万の軍隊が必要となろうし、その軍隊を無期限に駐屯させなければならないような事態も十分ありうる」(89)

だとすれば、どうにかして天皇制を維持して、アメリカの占領政策を成功に導くことが重要であろう。日本の軍事的脅威の再来を懸念するソ連や中国、オーストラリアなどの諸国の不安を解消して、天皇制廃止の要請をかわすためにも、早い段階で新憲法を制定して、日本が平和国家となりさらには民主化が実現したことを証明する必要がある。そのためには、戦争放棄の理念を日本人自らが提唱することが、もっとも効果的であった。残された時間は多くはない。急がなければならなかった。

この間にも、国際政治は転回していた。モスクワ外相理事会の後には、連合国間の不和がより一層明瞭となっていった。一九四六年一月に行われた、設立間もない国際連合の安全保障理事会では、イラン撤兵問題をめぐるイギリスとソ連の対立が明らかとなった。アメリカ政府もこの頃から、次第にソ連との協力の限界を認識するようになっていき、それまでとは異なる国際政治の潮流が見られるようになってきた。だとすれば、対日占領政策でのソ連の影響力を極力排除して、アメリカ単独で新憲法制定へと動く必要がある。

それゆえに、ソ連の史料を用いてこれらの問題を検討した下斗米伸夫は、「戦争裁判、天皇問題、憲法改正は一体の問題でもあった」と適切に論じている。[90] すなわち、「米国からすればスターリンが日本問題に関心を薄め、対日理事会もまだ機能していないこの時期にこそ、一刻も早く処理すべき課題であった」のだ。[91]

一月二九日、マッカーサー最高司令官は、ちょうど訪日中の極東委員会訪問団と会見を行っている。その会見は二時間半続き、そのなかには憲法改正問題をめぐる意見交換も含まれていた。マッカーサーは、一ヵ月前のモスクワ外相理事会によって、憲法改正をめぐる権限が極東委員会の下に含まれるようになったことを示唆して、次のように訪問団に語った。

「憲法改正問題は、モスクワ協定によって、私の手を離れてしまった。今後の作業がどのようにすすめられるのか全くわからない。私が日本で最初の指令を出した時には、この問題の権限は私にあった。私は示唆を与え、日本人は私の示唆にもとづいて作業を始めた。ある委員会が憲法改正を行う目的でつくられ

ドワイト・アイゼンハワー

たが、この作業へのGHQ側の関与につき、最高司令官は、いかなる行動をとることもやめている。私はなんらの命令も指示も発しておらず、示唆だけに限定している。……憲法の内容がいかに立派で、よく書かれていても、武力によって日本に押しつけられた憲法は、武力が存在する限りつづくであろうが、軍隊が撤退し、日本人が自由になるとともに、日本人はその憲法を廃止してしまうだろう……私はこのことを信じて疑わない[92]」

このマッカーサーの言葉は、憲法改正の作業が自らの手から離れて、日本人の手に移ったことを示すものである。問題は、日本人の多くがこのときに国際情勢を正確に理解し、その必要性を十分に認識できていないことであった。その結果、実際にはGHQのあまりにも包括的で強制力を帯びた「示唆」に基づいて憲法改正作業が進められることになる。

宮沢俊義の反米主義

幣原首相の指示に基づいて設置された憲法問題調査委員会では、松本烝治委員長の下で、一九四五年一〇月下旬から翌年二月にかけて憲法改正の方向性についての検討がなされていた。

松本烝治は、東京帝国大学法科大学に入学し、農商務省参事官を経て、その後は学究の道に進み、東京帝国大学で商法を教えていた。と同時に、戦前には満鉄副社長や、内閣法制局長官、商工大臣などを歴任し、政治感覚に優れた実務家でもあった。問題はあまりにも松本が自信家であり、人に頼ることなく自らの判断でものごとを決める傾向が顕著であったことである[93]。憲法問題調査委員会は、松本の思考や判断に基づいて作業が進められていった。

松本はあくまでも商法学者であることから、改正憲法案を実質的に起草したのは美濃部の弟子の宮沢俊義東京帝国大学教授であった。宮沢は、一九二三年に東京帝国大学法学部を卒業後、二五年に助教授、そして三四年からは教授として、母校で憲法学第一講座を担当していた。すなわち宮沢は、大日本帝国憲法を学び、それを教えることで人生の過半を過ごしてきたことになる。

戦時下の宮沢は、東京帝国大学法学部のほかの教授と比べても、体制迎合的な発言で知られていた。たとえば、宮沢は「実際に確立することのできる平和は、すべて……武装せられた平和」であると語り、政府が進める戦争の遂行を憲法学者として理論的に支える役割も果たしていた。[94]

さらには、一九四一年一二月八日の日米開戦を、「最近日本でこの日くらい全国民を緊張させ、感激させ、そしてまた歓喜させた日はなかろう」と、手放しで喜び、戦争の意義と、自らの強烈な反英米的イデオロギーを吐露していた。そして、相次ぐ戦勝の知らせを聞いて、「気の小さい者にはあまりにも強すぎる喜びの種であった」と記すほどであった。[95] 戦後の、護憲派の平和主義者としての顔とは、あまりにも違いすぎる態度であり、学者としてのインテグリティに欠けていたと言わなければならない。多くのオールド・リベラリストたちとは異なり、戦前や戦中において宮沢が戦争に反対して、政府に抵抗した形跡は見られない。少なくとも彼の思想のなかで、平和主義や国際協調主義の理念は重要な位置を占めていなかった。

宮沢俊義

宮沢の思想には、大日本帝国憲法への強い愛着と、体制迎合的な姿勢、国際情勢への無関心、そして反英米主義的な感情が色濃く見られる。宮沢は開戦を受けて、「東洋の国家の代表選手としての日本がその歴史的・宿命的な発展を遂行することは必然的にアングロ・サクソン国家の東洋に対する支配といふものを排除することを意味する」と述べ、「願はくはこのたびの大東亜戦争をしてアジヤのルネサンスの輝かしき第一ページたらしめよ」とまで述べている。[96] それは、近衛文麿の反英米主義の思想にも通じるものであり、その傾向は、戦争が終わってしばらく経ってからも残存していた。そのような宮沢にとって、日本がアメリカとの戦争に敗れて、連合国の占領下に入ることは、耐えがたい屈辱であった。

だとすれば、戦後の憲法問題調査委員会において、宮沢がアメリカ政府の圧力のもとでの憲法改正を拒絶して、アメリカが求める急進的な改革を嫌悪するとしても、不思議ではない。それゆえに憲法制定史に詳しい古関彰一も、このような宮沢の態度を観察して、「ここで重要なことは、すべて検討は明治憲法から出発しており、諸外国の憲法と明治憲法とを比較するという基礎作業に欠けた、視野の狭い『研究』の出発点がつくられたことである」と批判している。[97] 新生日本で、憲法改正の作業を委ねられる人物として、宮沢はふさわしい学者とはいえなかった。

他方で、松本烝治は戦前から閣僚として政府に加わっていた経験からも、政治情勢の動きにはより鋭敏であった。それゆえに、アメリカ国内や連合国の間で日本の民主化の徹底と、天皇制廃止を求める声が上がっていることをおそらくは念頭に置いて、一一月一〇日の第二回総会では、一〇月に行われた調査委員会の第一回総会の際とは立場を変えて、次のように発言している。

「日本をめぐる内外の情勢はまことに切実であり、政治的に何事もなしにはすまされないように思われる。したがって、憲法改正問題がきわめて近い将来に具体化されることも当然予想しなければならない。たとえば、その場合においても決してまごつかないように準備は整えておかなければならない。要するに、憲法改正の必要は、内はともかく外から要請があった場合、いつでもこれに応じうるように、さし当たって大きな問題を研究するということにとどめ、切実にやむをえないと思われる条項をふかく掘りさげてゆかなければならない(98)」

松本はここでも明治憲法を維持することに固執しながらも、「外から要請があった場合」に備えて、「切実にやむをえないと思われる条項」について事前に十分に検討する必要を述べている。

松本委員会の「憲法改正要綱」

一二月二六日にこの年最後の第六回総会を開いたあとに、松本は元旦から三日間、鎌倉の別荘にこもって「憲法改正私案」を自ら起草した。その作業を補佐した宮沢が「要綱」のかたちにまとめて、松本委員会の「憲法改正要綱」がつくられた(99)。この後には、宮沢と、入江俊郎、佐藤達夫の三名による調査会小委員会によって、この作業は進められていく。

松本と宮沢によってまとめられた「憲法改正要綱」すなわち松本甲案は、明治憲法の骨子をほとんど変えることなく、最低限の文言上の改正にとどめようとするものであった。たとえば、松本甲案では、「天皇」については、明治憲法第三条の「天皇ハ神聖ニシテ侵スヘカラス」とあるのを、新たに「天皇ハ至尊ニシテ侵スベカラス」としただけで、実質的にはほとんど変更を加えていない。一二月のモスクワ外相理事会において極東委員会が設置されて、ソ連や中国などが天皇制廃止を要求し天皇の戦争責任を追及しようとしているときに、あまりにも国際情勢を無視した硬直的な内容だった。より大幅な改正を加えた松本乙案とあわせて、一月三〇日と三一日の閣議ではこの改正案が審議された。

ところが、閣議で検討されている途中の改正案が、「毎日新聞」の二月一日付朝刊でスクープとして報じられて、GHQにも知られることになった。GHQは直ちにその改正案の条文の英訳にとりかかったが、あまりにも保守的で現状維持的な改正案に対して強い不満が噴出した。(100) マッカーサーは、もはや幣原内閣の憲法問題調査委員会に起草を委ねることをあきらめて、自ら起草にとりかかる方針へと舵を切った。

マッカーサーは回顧録の中で、この松本委員会の改正案に失望した様子を、次のように記している。「一九四六年一月に新憲法の最初の改正案が提出されたが、これは旧明治憲法の字句をかえた程度のものだった。天皇の権力は少しも削られておらず、単にそれまでの『神聖にして侵すべからず』というかわりに、『最高にして侵すべからず』ということになっただけだった」(101)。さらには、「三カ月の作業のあと生れ出た改正案は旧態依然たるもの、あるいは改悪とさえ思われるものだった」とまで述べている。(102) このような大きな失望によって、憲法改正の作業は松本委員会の手を離れる運命となった。日本はこのように、自主的に新憲法を起草する機会を、自ら失ったのだ。

歴史家の古関彰一は、このような松本委員会の憲法改正へ向けた後ろ向きの姿勢を厳しく批判して、「政府案にたいする根元的な問題として松本を中心とする憲法問題調査委員会のメンバーがポツダム宣言を受諾したことの意味、敗戦の意味、民主化政策の意味を全く理解していなかった点を指摘しなければならない」と述べている(103)。

むしろ前年の秋に内大臣府の近衛の下で憲法改正を検討していた、高木八尺東京帝国大学教授や、佐々木惣一京都帝国大学教授のほうが、その点でははるかに強い危機感を抱き、大幅な改正が必要である点を理解していた。彼らは結局、不運にして憲法改正作業に携わる権限を奪われてしまっていた。

高木は松本に対して、ＧＨＱが受け入れ可能なように、より積極的にアメリカ政府の意向を理解するべきだと何度となく進言していた。とてもこのような改正案では、ＧＨＱには受け入れられないであろう。それに対して松本は次のように述べて、意に介さなかった。すなわち、「あくまでこの改正というのは自発的に、自主的にやることであるのであるから、今後もアメリカの意向を問い、打合せをする必要はないと思う(104)」。

「毎日新聞」のスクープ

そのような松本の硬直的な姿勢を見ていた高木は、次のように松本委員会を批判する。「委員会は、改正に関するアメリカ側の見解を探ろうとしなかったために、失敗する運命にありました。政府の委員会は、三カ月にわたって改正の仕事を行いましたが、その間一度もアメリカ側と接触せず、また一度もその会議の状況を一般国民に知らせようとしませんでした」[105]。松本や宮沢が、反米的なナショナリズムに駆られ、そして国際情勢や一般国民の民意を無視して憲法改正の作業を行っていた様子が分かる。

では松本が、天皇に関する規定の明治憲法第一条から第四条までを、ほとんど改正するつもりがなかったのは、なぜだろうか。それについて、終戦連絡中央事務局参与となり、松本とは以前に勤務先の会社の顧問弁護士である関係から旧知であった白洲次郎が、松本がなぜ天皇に関する条項を変えないのか、直接に質問している。その質問への返答として松本は、「そこまで変えたら殺される」と応えたという。白洲が「そんな馬鹿なことない」といくらいっても、「変えたら殺される」と言ってきかなかった[106]。国体である天皇の大権に、自らの手によって変更を加えるならば、国粋主義者の手によって殺されると松本は怯えていたのだ。

松本は、自らの生命を懸念するあまり、国際情勢の中での日本の将来については必ずしも十分な考慮がなかった。それは宮沢も同様であった。日本の将来よりも、自らの生命を守ることが大切であるという姿勢は、彼らだけのものではなく、戦前の多くの政治家や知識人が、暗殺を恐れて軍部に迎合していった弱さとも重なるものであった。それは人間として仕方がないことかもしれない。しかし、その愛国心のあり方は、爆弾テロに遭う覚悟で降伏文書調印式に臨んだ重光葵や、高齢にもかかわらず「最後の御奉公」として首相の重責を引き受けた幣原喜重郎とはあまりにも対照的であった。

日本は敗戦し、連合国の占領下に入り、ポツダム宣言に基づく民主化の徹底が強く要求されていた。そのような国際情勢に、あまりにも無自覚で、無理解であった松本委員会は、時代の波に飲み込まれて、舞台から退いていく。

アメリカによるイニシアティブ

一九四五年九月から翌年一月まで、アメリカ政府内でどのように日本の統治機構を改革するべきか、国務省と陸軍省と海軍省の三省調整委員会において検討が進められていた。その成果は、一九四六年一月七日に、「日本の統治体制の改革」（SWNCC二二八）という文書にまとめられ、一一日にはマッカーサーのもとに送られている。[107] この文書をもとに、GHQもまた憲法改正へ向けた検討を進めていく。憲法改正へ向けた作業は、松本や宮沢の手を離れて、マッカーサーの手に渡っていく。

コートニー・ホイットニー

二月三日には、GHQの内部でマッカーサーがホイットニー民政局長に対して、GHQ自らが憲法改正案を作成するように指示を出し、いわゆる「マッカーサー三原則」（マッカーサー・ノート）として知られる憲法改正の基本方針を示した。マッカーサーは、すでに触れたように松本委員会の改正案の英訳文を熟読して、それが明治憲法の焼き直しに過ぎず、とても極東委員会には受け入れられないだろうと考えていた。[108]

この「マッカーサー三原則」の第二原則が、後の憲法九条に繋がる条項である。そこでは、次のように書かれている。

「国権の発動たる戦争は、廃止する。日本は、紛争解決のための手段としての戦争、さらに自己の安全を保持するための手段としての戦争をも、放棄する。日本は、その防衛と保護を、今や世界を動かしつつある崇高な理想に委ねる。

日本が陸海空軍をもつ権能は、将来も与えられることはなく、交戦権が日本軍に与えられることもない」[109]

二月四日午前一〇時、ホイットニー民政局長は総司令部大会議室で民政局員のほとんど全員を集めて、「これからの一週間、民政局は憲法制定会議と化す」と述べて、歴史的な作業を開始するように号令を出した。[110]これから八日間の間、殺人的ともいえる過酷な作業態勢で改正案の作成に取りかかった。書記役のルース・エラマンは、この作業を次のように回顧している。

「第一相互ビルの最上階に簡易食堂があり、そこでサンドイッチの立食いなどをしながら、夜も白々となるころまで働いた。明方、宿舎に帰ってシャワーを浴び、一時間ほど仮眠して、また定刻八時には全員が集まって草案作りをやった。女の私も同様でした」[111]

民政局に勤め、起草作業に加わった軍人には、アメリカのエリート大学を卒業して、ロー・スクールで法律を学んだ法律家が多く含まれていた。たとえば運営委員会委員長のチャールズ・ケーディスはハーバード大学ロー・スクールを修了し、司法権に関する委員会のマイロ・ラウエルはスタンフォード大学ロー・スクール修了、おなじくアルフレッド・ハッシーはバージニア大学ロー・スクール修了。また、博士号を取得している者も多くおり、法律や統治機構についての学識は十分備えていた。問題は、西修駒澤大学名誉教授が述べるように、日本の歴史、伝統、文化に対する知識が不足していたことである[112]。

日本国憲法の前文については、アルフレッド・ハッシー海軍中佐が起草をした。セオドア・マクネリー博士によれば、ハッシーはそれをまとめる上で、アメリカ合衆国憲法や、アメリカ独立宣言、マッカーサー三原則、大西洋憲章、一九四三年のテヘラン宣言などを参考にしているという[113]。すなわち、憲法前文はアメリカ合衆国憲法の精神や、大西洋憲章のような国際協調主義の精神が埋め込まれているのである。

「戦争の放棄」誕生の背景

日本国憲法第九条に記される「戦争の放棄」については、すでに見たように「マッカーサー三原則」の第二原則がその起源ともいえるものである。だが、マッカーサーは自らではなくて、幣原こそがその発案者であると、回顧録の中で説明している。マッカーサーは、「日本の新憲法にある『戦争放棄』条項は、私の個人的な命令で日本に押しつけたものだという非難が、実情を知らない人々によってしばしば行われている」という。そして、次のように説明する。

「旧憲法改正の諸原則を、実際に書きおろすことが考慮されるだいぶ前のこと、幣原首相は、当時日本ではまだ新薬だったペニシリンをもらって、病気がよくなった礼を述べるため、私に会いたいといってきた。それはちょうど松本博士の憲法問題調査委員会が憲法改正案の起草にとりかかろうとしている時だった。

幣原男爵は一月二十四日（昭和二十一年）の正午に、私の事務所をおとずれ、私にペニシリンの礼を述べたが、そのあと私は男爵がなんとなく当惑顔で、何かをためらっているらしいのに気がついた。私は男爵に何を気にしているのか、とたずね、それが苦情であれ、何かの提議であれ、首相として自分の意見を述べるのに少しも遠慮する必要はないといってやった(114)」

そこで幣原首相は、次のように述べたという。

「首相はそこで、新憲法を書上げる際にいわゆる『戦争放棄』条項を含め、その条項では同時に日本は軍事機構は一切もたないことをきめたい、と提案した。そうすれば、旧軍部がいつの日かふたたび権力をにぎるような手段を未然に打消すことになり、また日本にはふたたび戦争を起す意志は絶対にないことを世界に納得させるという、二重の目的が達せられる、というのが幣原氏の説明だった。

首相はさらに、日本は貧しい国で軍備に金を注ぎ込むような余裕はもともとないのだから、日本に残されている資源は何によらずあげて経済再建に当てるべきだ、とつけ加えた。

私は腰が抜けるほどおどろいた。長い年月の経験で、私は人を驚かせたり、異常に興奮させたりする事柄にはほとんど不感症になっていたが、この時ばかりは息もとまらんばかりだった。戦争を国際間の紛争解決には時代遅れの手段として廃止することは、私が長年熱情を傾けてきた夢だった(115)」

ここでマッカーサーは、「戦争放棄」は自らが「長年熱情を傾けてきた夢だった」と告白している。実際に幣原が、どのような言葉を語ったのかは分からないが、マッカーサーにとって「戦争放棄」の理念が長年の夢であり、情熱を傾けてきた理想であることは、ここからも分かる。この一〇日ほど後のマッカーサー三原則においてもそれが含まれている。そもそも「戦争放棄」の文言は、先に触れたＳＷＮＣＣ二二八には含まれていなかった。それはあくまでも、マッカーサー個人が抱えていた理想であったのだ。マッカーサーは、回顧録でさらに次のように続ける。「私がそういった趣旨のことを語ると、こんどは幣原氏がびっくりした。氏はよほどおどろいたらしく、私の事務所を出る時には感きわまるといった風情で、顔を涙でくしゃくしゃにしながら、私の方を向いて『世界は私たちを非現実的な夢想家と笑いあざけるかも知れない。しかし、百年後には私たちは予言者と呼ばれますよ』といった」[116]

マッカーサーは、「この条項はあらゆる思想の中で最も道義的なものだという確信をもっていたし、それに当時連合国が日本に求めていたものとぴったり一致することも知っていた」と論じている。ここでいう「連合国が日本に求めていたもの」とは、ポツダム宣言とも重なっていた。また、マッカーサーが受取った指令にも、「日本は陸、海、空軍、秘密警察組織、および民間航空を保有してはならない」と書かれていた[117]。マッカーサーは、「戦争放棄」を「長年熱情を傾けてきた夢」であると語る一方で、ポツダム宣言を意識してこのような「戦争放棄」条項を挿入する政治的な必要性を想起したのだろう。

憲法九条と天皇制

マッカーサーと幣原は、連合国間の亀裂の浮上や、ソ連の対外姿勢の強硬化などを見る中で、国際情勢の潮流を前提に憲法改正作業を進める必要性を認識していた。他方で、憲法問題調査委員会の松本や宮沢は、驚くほどそのような国際環境の変化に鈍感であって、それゆえにすでに触れたように、可能な限り小さな改正にとどめようと決意していた。憲法改正作業をめぐる停滞した状況に不満を抱いていたマッカーサーが、幣原首相の示す大胆な発言に感銘を受けたことは間違いない。

幣原の親友である大平駒槌《おおだいらこまつち》の口述によれば、幣原は次のように語ったという。

「かねて考えた世界中が戦力をもたないという理想論を始め戦争を世界中がしなくなる様になるには戦争を放棄するという事以外にないと考えると話し出したところがマッカーサーは急に立ちあがつて両手で手を握り涙を目にいっぱいためてその通りだと言い出したので幣原は一寸びっくりした(118)」

さらに大平は次のように幣原が語るのを覚えていた。

「マッカーサーは出来る限り日本の為になる様にと考えていたらしいが本国政府の一部、GHQの一部、極東委員会では非常に不利な議論が出ている。殊にソ聯、オランダ、オーストラリア等は殊の外天皇というものをおそれていた。……だから天皇制を廃止する事は勿論、天皇を戦犯にすべきだと強固に主張し始めたのだ。この事についてマッカーサーは非常に困ったらしい。そこで出来る限り早く幣原の理想である戦争放棄を世界に声明し、日本国民はもう戦争をしないと言う決心を示して外国の信用を得、天皇をシンボルとする事を憲法に明記すれば、列国もとやかく言わず天皇制へふみ切れるだろうと考えたらしい。……これ以外に天皇制をつづけてゆける方法はないのではないかと言う事に二人の意見が一致したのでこの草案を通す事に幣原も腹をきめたのだそうだ[119]」

それでは、実際のところ、幣原はこの発言で何を意図していたのか。幣原の秘書官である岸倉松の談話をもとに、東京裁判で白鳥の弁護人を務めた広田洋二が次のように述べている。

「戦争放棄の思想または理想について幣原首相から話し出し、幣原首相、マ元帥がまったく意見が一致したのは事実であるが、日本憲法に規定するとかしないとかいう問題には、ぜんぜん触れていない、というのである。それであるから、二月十九《ママ》日に、日本憲法の米国原案が日本側に提示されたときには、幣原首相もちよつとおどろいたようであり、日本側で作つていた松本草案の中にも、戦争放棄らしい思想はすこしも含まれていなかつた。幣原氏には、それを憲法で規定しようとする考えは全然なかつたからである[120]」

このように、幣原は「戦争放棄」を理想として考えていたとしても、それを憲法の条文に入れてその後の日本の防衛政策を拘束させる意向は持っていなかったようである。だとすれば、憲法九条を幣原の発案と位置づけるのは適切ではないだろう。だが、幣原は天皇制を維持するためには、憲法九条に帰結するような「戦争放棄」の理念を吸収し、平和国家としての姿を世界に示す必要を強く感じていた。後年に、幣原は衆議院議長時代に自らの秘書官を務めた平野三郎と、戦争放棄条項が生まれた背景について、以下のようなやり取りをしている。平野が、「そうしますと憲法は先生の独自の御判断で出来たものですか」と、憲法九条の誕生の経緯について質問をすると、それに対して幣原は次のように答えている。

「そのことは此処だけの話にして置いて貰わねばならないが、実はあの年（昭和二十年）の暮から正月にかけ僕は風邪をひいて寝込んだ。僕が決心をしたのはその時である。それに僕には天皇制を維持するという重大な使命があった。元来、第九条のようなことを日本側から言いだすようなことは出来るものではない。まして天皇の問題に至っては尚更である。この二つは密接にからみ合っていた。実に重大な段階にあった。

幸いマッカーサーは天皇制を存続する気持を持っていた。本国からもその線の命令があり、アメリカの肚は決っていた。ところがアメリカにとって厄介な問題が起った。それは濠洲やニュージーランドなどが、天皇の問題に関してはソ連に同調する気配を示したことである。これらの国々は日本を極度に恐れていた。日本が再軍備をしたら大変である。戦争中の日本軍の行動は余りに彼らの心胆を寒からしめたから無理もないことであった。日本人は天皇のためなら平気で死んで行く。殊に彼らに与えていた印象は、天皇と戦争の不可分とも言うべき関係であった。恐るべきは『皇軍』である。という訳で、これらの国々のソ連への同調によって、対日理事会の票決ではアメリカは孤立化する恐れがあった」[121]

そのような情勢の中で、幣原は「天皇制の維持」と「戦争放棄」を同時に提案することを考える。つまり幣原は、単に平和主義の観点から憲法九条の「戦争放棄」の理想に共鳴した訳ではなかった。幣原によれば、「この構想は天皇制を存続すると共に第九条を実現する言わば一石二鳥の名案」であったのだ。[122]言い換えれば、天皇制を維持するためには、この方法しかないと考えたのではないだろうか。

このように、幣原が重視していたのは天皇制の存続であった。服部龍二が述べるように、「戦争放棄を宣言することで、天皇制に批判的な国際世論を懐柔せねばならない」のであった[123]。すでに見たように、幣原は憲法問題調査委員会の松本委員長や宮沢委員と同様に、明治憲法を大幅に改正する必要はないと考えていた。だとすれば、軍事条項についても限定的な改正を考慮するのみであり、「戦争放棄」や「戦力不保持」はあまりにもラディカルな提案であったはずだ。

GHQの対応

「戦争放棄」や「戦力不保持」の提案をラディカルと考えたのは、GHQ民政局も同じであった。たとえば、GHQ案作成に携わっていたリチャード・プール海軍少尉は、西修教授のインタビューに応えて、次のように語っている。

「私は、『マッカーサー・ノート』にある戦争放棄の原則があまりにも理想的すぎるように思えたので、自らの考えを述べようとしました。ところが、ケーディス大佐から逆に次のような質問がありました。『この案文は、どこから出ているか知っているのかね』いいえ、知りませんと答えると、『元帥からだよ。何か言うことあるかね』。私は即座に反応しました。いいえ、ありません[124]」

チャールズ・ケーディス

しかしながら、このような戦争放棄と戦力不保持を規定するラディカルな提案をより穏健なものに修正したのは、運営委員会委員長として全体をまとめる役目を果たしていたケーディス自らであった。ケーディスは、マッカーサーとは異なり、日本が自己保存のための自衛権までを放棄することがないように、文章を修正した。ケーディスは、西教授のインタビューに応えて、次のように回想している。

「一九二八年の不戦条約が成立したとき、私はハーバード大学ロー・スクールに在籍していました。それゆえ、『マッカーサー・ノート』にあった〝紛争解決のための手段としての戦争放棄〟と、〝自己の安全を保持するための手段としての戦争放棄〟の違いを理解していました。日本国憲法に〝自己の安全を保持するための手段としての戦争放棄〟まで書き込むのは、非現実的と思い、削除したのです。どの国も〝自己保存〟の権利をもっています。日本国にも当然、〝自己保存〟の権利として、〝自己の安全を保持するための手段としての戦争〟は、認められると考えたのです。〝武力による威嚇または武力の行使の放棄〟を加えたのは、一九四五年にできたばかりの国連憲章に同様の文言があったからです[125]」

松本烝治の蹉跌

すでに見てきたように、幣原、マッカーサー、そしてケーディスのいずれもが、一九二八年の不戦条約と一九四五年の国連憲章に強い影響を受けていた。彼らは外交官や軍人という立場で、国際情勢の動向に関心を寄せて、平和の条件を模索してきた。

それだけではない。彼らは同時に、国際情勢の動向に敏感である分だけ、この時期に連合国間の不和が浮上してきて、さらにはソ連や中国、オーストラリアなどの政府が天皇制廃止や天皇の戦争責任を追及する姿勢であることも認識していた。日本が憲法改正で平和国家を目指すことを明確に示さなければ、それらの諸国が戦争の原因ともみなしていた天皇制という「国のかたち」を維持することは難しいであろう。

そして、戦前の東京帝国大学において明治憲法下の法律を学び、法律学を講じてきた松本烝治や宮沢俊義は、そのような国際情勢の動向に無関心で無理解であるからこそ、明治憲法を大幅に改正する必要がなく、明治憲法下の天皇制をそのまま維持できると考えていたのだろう。そのことは、松本と宮沢によって二月八日に最終的にＧＨＱへ提出された松本委員会の「憲法改正要綱」の内容にも端的に示されている。[126]それは時代の潮流に対するあまりにも鈍感な態度であって、そして国際感覚の欠如ともいうべきものであった。

終戦連絡中央事務局参与となった白洲次郎は、そのような松本の硬直的で、保守的な憲法改正への姿勢に批判的であった。白洲に言わせれば、それは事態の認識の甘さによるものであった。白洲の、当時を回顧した次の発言は、あまりにも印象的である。すなわち、「終戦直後においても事態の認識はあまかったようだ。この認識のあまさが、戦争自体を誘発したともいえるが[127]」。「認識のあまさ」こそが、「戦争自体を誘発した」とは、正鵠を得た発言である。問題は、そのような「認識のあまさ」をいまだに十分に理解せず、自己の正義を疑わない松本のような頑迷な法律家の発想であった。

結局松本は、新しい時代の到来に応じることができなかったのだ。それについて、白洲は次のようにやや同情的に述べている。「この卓越した学識経験者も『新時代』に対する認識はいささか不充分であったように考える。よほどの画期的なものでなければGHQは承服すまいと御忠言は申上げたが、旧憲法の第四条までを改正すれば殺されますよ、とあっさり拒絶されたことをおぼえている。今から考えると何と時代おくれの人だと軽蔑される向きもあろうと思うが、明治に生まれて明治に育った当時の老人の感覚としては、無理からぬことであったかも知れない」[128]。

松本は「旧憲法の第四条までを改正すれば殺され」ると頑なに思い込んでおり、それは白洲によれば、「明治に生まれて明治に育った当時の老人の感覚」でもあった。だからこそ当初はそのような甘い認識は、国際主義者の幣原首相にも共有されていたのである。

それゆえにマッカーサーはこれ以上、彼らに委ねて憲法改正の作業を行うことができないと考えるようになったのである。

幣原の怒り

とはいえ、GHQが草案を創った憲法改正案は、多くの日本人にとって驚愕するような内容であった。

そもそも幣原首相自らも、すでに見たように一九四五年一〇月の組閣直後には、憲法改正については「極めて消極的にして、運用次第にて目的を達す」と考えていた。また、幣原は必ずしもマッカーサーとつねに良好な関係にあったわけではなかった。一九四六年一月四日の公職追放のリストに、幣原内閣の五人の閣僚が含まれていたことに、幣原は心の底から怒りを感じていた。

激昂した幣原は、当時健康を壊して病床にありながらもそこに次田大三郎内閣書記官長を呼びつけて、次のようにマッカーサーを批判した。

「マックのやつ、ああいう理不尽な指令を出して……自分はどうしてもこれを承服するわけにゆかぬ。こういう指令を執行することはできぬ。ことに今日まで事を共にしてきた閣僚を追うなどということは自分にはやれぬから、総辞職する決意をした。どうか閣僚の諸君にこのことを伝えて、みなの辞表をまとめてもらいたい」[129]

占領下の日本で、アメリカ政府やGHQの横暴や屈辱的な態度に怒りを感じることは、日本人政治家の多くにとって日常的なことであった。幣原は結局、閣僚からの懸命な説得に応じて、涙ながらに辞意を撤回して、欠けた閣僚を補うための内閣改造を行った[130]。GHQ、さらにはアメリカ政府に楯突いても、主権の回復が遅れるだけである。あくまでも「正義」は、占領する主体である連合国の側にあったのだ。正義を失うということ。それが、戦争で敗北することの巨大な代償であった。

ホイットニーからの提案

一九四六年二月一三日午前一〇時、麻布区市兵衛町にある外相官邸に、GHQ民政局長のホイットニー准将、ケーディス大佐、ラウエル中佐、ハッシー中佐の四名が到着した。彼らは、それまでの一週間、不眠不休で急遽、GHQの憲法改正案を作成した中心的な人物であった。彼らを出迎えた終戦連絡中央事務局参与の白洲次郎は、流暢なイギリス英語で屋内のサンルームへと案内をした。そこでは、吉田茂外相や松本烝治国務相が待っていた[131]。

ホイットニーは松本に対して、「あなたの烝治という名前は、初代大統領のジョージ・ワシントンにちなんだそうですね」と尋ねた。それにたいして松本は、「はい、私の父がジョージ・ワシントンを尊敬していましたので」と返答した[132]。打ち解けた雰囲気で始まった会話も、徐々に真剣で深刻な話題に移っていった。

それからホイットニーは、次のように語り始めた。「先日、あなた方が総司令部に提出された憲法改正案は、自由と民主主義の文書としては、連合国最高司令官がまったく受け入れることのできないものです。最高司令官は、日本の情勢が必要としている諸原理を実現すべきものとして、この草案をあなた方に示すよう、私に命じました。詳しいことはあとで説明しますが、とりあえずご覧になってください。私たちは、あなた方がお読みになるまで、しばらく退席しましょう[133]」。

それはあまりにも突然の提案であり、また衝撃的な内容であった。見慣れぬ言葉や表現が並んでおり、明治憲法とは似ても似つかぬ構造となっていた。とりわけ衝撃が大きかったのは、後の憲法九条となる「戦争放棄」についての条項であり、それはこのGHQ草案では第八条となっていた[134]。三〇分ほどして戻ってきたホイットニーに対して、松本は「憲法草案の内容は分かったが、自分のものと違うので、総理大臣の意向を聞かなければ返答できない」と答えた[135]。

するとホイットニーは、GHQが自ら憲法改正草案を作成した経緯を、次のように説明した。「さてみなさん、あなた方はこの文書の内容をよくご覧になったわけですが、最高司令官があなた方に本案の提出を思いついた趣旨と理由を少し説明したいと思います。

最高司令官は、天皇を戦犯として取り調べるべきだという外部からの高まりつつある圧力に抗して、天皇を断固守ってきました。そうすることが正当であり、また正義にかなうと考えたからです。今後も、力の及ぶかぎり、この線に沿って天皇を守り続けていくことでしょう。しかしみなさん、最高司令官といえども万能ではありません。ただし最高司令官は、この新憲法の規定が受け入れられれば、天皇の地位は実際に安泰になるだろうと考えています[136]」

このときの様子を、そこに臨席した白洲次郎は、次のように回想している。「この案文を読んだ日本側には相当以上のショックであった。この案文をかかえこんでシドロモドロであったといっても過言ではなかった。吉田さんはさすがに平気な顔をしていた。戦争に敗けたんだという認識とあきらめのためであったかも知れない。松本先生はいまだに、この案文についてGHQ側と折衝の余地が残されているとの感じを持っておられたようだが、そんな可能性はゼロであった[137]」。

この草案に「戦争放棄」の条項が含まれているが、この条項が幣原の発案であるという記録は残っていない[138]。あくまでもそれは、マッカーサーがマッカーサー・ノートにおいて指示を出して、GHQが起草したものであった。それは日本側に大変な衝撃を与えた。動揺を見せなかったという吉田茂外相も、「その内容を一瞥して、これは飛んでもないものをよこしたものだと思いました」と、後に回想している[139]。

しかし、より重要な問題は、天皇制の維持であった。日本の指導者たちにとって、戦後の新しい「国のかたち」において、天皇制を廃止することは考えがたく、それを中心として民主的な平和国家を創っていかなければならなかった。すでにこの半月ほど後の二月二六日に、ソ連政府代表や中国政府代表が参加する極東委員会の第一回総会が開催されることが決まっていた。天皇制を守るためには、それまでに日本が自ら平和国家の道を歩み、民主化を徹底することを世界に向けて明らかにしなければならない。国際情勢の動向を考慮に入れれば、もう時間がなかった。

白洲次郎の矜持

吉田外相の懐刀であり、ケンブリッジ大学に留学してイギリス滞在が長かった白洲次郎は、このときに終戦連絡中央事務局参与として日本政府とGHQの橋渡し役となっていた。長身で、ハンサムで、流暢なイギリス英語を話す白洲は、日本政府の中で独特な雰囲気を醸し出しており、GHQから見ても一筋縄ではいかない手強い交渉相手であった。

白洲は、敗戦国として連合国の占領下にある日本が、GHQと交渉する際の限界を十分に心得ていた。だが、他方で、何もかもGHQの言いなりになる必要はないと考えていた。相手を巧みに説得して、日本の要望を聞いてもらう必要がある。白洲は当時のGHQの横柄な態度を、次のように思い起こしている。

「大体GHQにやってきた大部分の人々は、自分の国で行政の行位やった経験のある人はいたかも知れぬが会ったことはなかった。無経験で若気の至りとでも言う様な、幼稚な理想論を丸呑みにして実行に移していった。憲法にしろ色々の法規は、米国でさえ成立不可能な様なものをどしどし成立させ益々得意を増していった。一寸夢遊病者の様なもので正気かどうかも見当もつかなかったし、善意か悪意かの判断なんてもっての外で、ただはじめて化学の実験をした子供が、試験管に色々の薬品を入れて面白がっていたと思えばまあ大した間違いはなかろう[140]」

白洲は、矜持と品格をもって、アメリカ人と接しなければならないと思っていた。卑屈になる必要もなければ、絶望をする必要もない。白洲は、歴史的に見れば、それでもアメリカの占領は比較的穏当で平和的であると見抜いていた。だが、そのようなアメリカ人に対して、過剰に卑屈になってはならない。それゆえに白洲は、あまりにもアメリカ人に対して卑屈となり、日本人としてのプライドをかなぐり捨てていた当時の同胞の多くに対して、強い怒りを感じていた。そのことについて白洲は、次のように回想している。

「あのころの日本の政治家や役人たちときたら、あちらさんのいうことには、なんでもご説ごもっともで、卑屈になる人間が実に多かった。われわれは戦争に負けたのであって、奴隷にされたわけでもないのに、からきし意気地がなく、どんなに無理や難題を吹っかけられても、鞠躬如《きっきゅうじょ》としてしまうのである[141]」

白洲次郎

白洲は、ＧＨＱから「唯一従順ならざる日本人」と称されていたことを、むしろ誇りと思っていた。その白洲は、「ＧＨＱ当局が推進した諸改革のうち、日本側にとって、いったい何が最も強硬に押しつけられたものかといえば、それはやはり新憲法の制定を第一に挙げなければなるまい」という[142]。そして、白洲はまさにその新憲法制定に関するＧＨＱとの折衝の最前線にいたのである。

ところで、この二月一三日のホイットニー准将との会談の席に同席した白洲は、二日後の二月一五日にホイットニー宛で書簡を書いて、日本政府とGHQが目的を共有しながらもそこにたどり着く方法が異なることを説明しようと試みた。GHQの方法が、山を越えて空を飛んでいくアプローチであるとすれば、日本政府の方法は山の間をジープで迂回していく「ジープウェイ」であると、わざわざ自ら図を描いて書き送っている。

ホイットニーは、白洲参与の書簡への返答として、翌日の二月一六日に手紙を送っている。その書簡の要旨を白洲自らが書きまとめている。[143] ホイットニーの書簡ではまず、「松本案も根本精神に於て同一の目的に向って進まんとして居ることは認める」と書かれている。さらには、「問題は現内閣が司令部案の原則に基いて改革をやる度胸があるやなしかである、ないのならある奴に席を譲るべきだ」。いかにも白洲らしい、木訥できつい表現で邦訳を作成しているが、おおよそのニュアンスは伝わっている。

GHQはこの草案に基づいて憲法が起草されるべきだと考えており、そこに妥協の余地はなかった。ホイットニーの書簡では、「改革案に依て始めて皇室の安泰は保持される」と書かれており、さらには「改革案の字句の修正は認むるもその原則、根本様式に対しては絶対に譲歩の余地なし」という。さらには重要な点として、「本問題は日本に関することのみでなく、聯合国を満足せしめる手段として絶対に必要だ」。このように、憲法改正とは単に日本国内の問題ではなく、冷戦が進行しつつあり、連合国間の合意を取り付けることが必要とされる国際問題であったということが理解できるだろう。それを理解していたのが幣原首相であり、吉田外相であった。だが、内閣の中にはそれが意味することの深刻さを理解できない者もいた。彼らを説得しなければならない。

さらにホイットニーは厳しい言葉で次のように書いている。すなわち、「日本政府が実行しないのなら、司令部で独自の行動に出る」。さらに、「若しも聯合国側より改革案を押し付けられることになればこんな生易しいものでは済まぬ」というのだ(144)。

松本烝治の抵抗

幣原首相は、マッカーサーの真意を確認するとともに、抵抗する閣僚たちを説得する必要が生じた。とりわけ松本烝治国務相は強硬であった。松本は、自らが中心となって作成した二月八日提出の憲法改正要綱が拒絶されて、まったく異なったGHQ草案が提示されたことに強い不満を感じていた。それゆえに、二月一八日には松本はホイットニー准将宛に書簡を書いて、自らの意図を伝えようとした(145)。

松本の説明は、自己の正義を全く疑わず、アメリカの意向を強く拒絶して、国際情勢の動向を無視したかなりの程度独善的なものであった。それのみならず、アメリカの憲法改正への動きを、第一次世界大戦後の戦勝国がドイツに圧力をかけてワイマール共和国憲法を制定させたことと同一視して、もしもGHQが強引にそのような試みをすれば、日本でもナチスやヒトラーが生まれるだろうと脅した。理想に溢れるGHQの若き士官たちが改造しようとする占領下の日本を、後に崩壊する運命にあるワイマール共和国のドイツになぞらえて論じた松本による「弱者の威嚇」

は、ホイットニーを怒らせる最悪の結果となった。

松本はその書簡の中でまず、それぞれの国の法制があくまでもその国の伝統や国情、文化を背景に発展する必要を説いている。すなわち、「元来一国の法制は其の独自の発達に待つ所多し。他国より或制度を輸入し又は或法律を採用するときは必ずしも成功を収むるものと限らるることなし」という。さらに、「一国の憲法は其の国情と民情に則して適切に制定せられたる場合に於てのみ庶幾する好結果を来し得るも然らざる場合には却て反対に逆用悪用せられ恐るべき専制政治又は暴民政治が行はるるに至ることあり得るを知るに足るべし」(146)。たしかにその論旨はかなりの程度説得的なものであった。しかしながら、松本の論調はあたかも教授が、無知な学生に法律を教えるような、あまりに横柄なものであった。

そして松本は、もしもGHQ草案のような大胆な憲法改正を行えば、保守派の激憤によって大変な混乱に陥ると脅した。松本は次のように記す。「今若し上述せる方針に反し此の際憲法の条項に根本的なる又は大仕掛なる変更を加ふるときは保守的又は中央的の思想を有せる多数国民に強き刺戟を与ふる結果之をして反動的に民主主義に対する反感を抱くに至らしむる虞なしとせず。其の結果は独逸『ワイマール』憲法後に起りたるが如き過誤に陥らざることを保し難かるべし。右の如き反動を生ずる虞なからしむる為には漸進的の改正を可とすべく是れ即ち改正案の採用したる方針なりとす(147)」。

松本委員長の下に集まった宮沢をはじめとする憲法学者は、大胆な憲法改正を断固として阻止するつもりであった。松本は書簡の最後で、次のように憲法改正が不要である理由を述べる。すなわち、「今般の憲法改正案は上述の如き理由に依り過去五十六年間変更なく行はれ来りたる憲法に形式上は余り大なる変更を加へずして而も実質上は相当大なる改良を施したるものなり」[148]。つまりは、憲法改正をせずとも、明治憲法下では多くの改良が行われたのであるから、ここでも同様に大きな変更は必要ないという趣旨である。

ここまで必死に松本が、大胆な憲法改正を拒絶する理由のひとつは、すでに触れたようにそれによって批判の矛先が自らに向かって、自らの生命が脅かされることを怖れたからであった。白洲は松本に対して、「占領国側が考えている内容は、先生がお考えになっているほど生やさしいものではありませんぞ」と警告し、少なくとも天皇大権を大幅に制限する必要性を執拗に説いた。しかし説得は通じずに、松本はそのような助言に対して、「そんなことは、私にできない。そんなことをすれば、私は殺される」といって、聞く耳を持たなかった[149]。

この松本の書簡は、日本が連合国の占領下にあるという認識が皆無であり、対等な主権国家間の交渉を行うかのような記述であった。白洲は日本人が必要以上に卑屈になることを嫌ったが、松本の場合は、それを通り越して、傲岸や独善に陥っていたと言えよう。また、それ以上に重大な問題として、GHQが憲法改正草案を提示したのは、天皇制を守って、日本の基本的な統治機構を残すためであるという意図を松本はまったく理解できていなかった。もしも、二月二六日の極東委員会の第一回総会の開催までにある程度日本自らが民主化を徹底して平和国家となるという意志を示さなければ、GHQではなくて、ソ連や中国が参加する極東委員会が直接憲法改正案の起草に関与するかもしれない。そうなれば、天皇制の廃止をはじめとして、はるかに過激で、より日本の国情や民情を無視した根本的な憲法改正がなされるであろう。

当然ながら、ホイットニーやケーディスは、強い怒りと不満をもってこの松本の「脅し」ともいえる書簡を読んだ。同じ二月一八日に白洲次郎参与を経て、彼らの返答が伝えられた。白洲の手記には、「松本国務相の説明書を持参したる処『ウィットニー』『ケーデス』両人は大憤慨す」と記されている。さらにホイットニーは、次のように白洲に伝えた。

「この説明書は松本案の前説明書の単なる『リペティション《繰り返し》』に過ぎず、尤もこの『リペティション』とは極度に『ポライト《慇懃に》』に言つたのであるとは『ケーデス』の註釈なり、この儘に於ては司令部としても困る故四十八時間の期限付（二十日水曜日午後迄）に日本政府は司令部案の原則を承認するや否や確答せらるべしと言ひ渡されて引下る」[150]

松本の、国際情勢を無視した頑迷な態度に対しての、ホイットニーとケーディスの不満と怒りが伝わってくる。結局翌日に、ホイットニーたちはその回答期限を二二日までに延期して、より冷静な態度を示すようになった。

混迷する閣議

二月一九日の閣議での、憲法改正を審議する第一日目の議論について、芦田は日記において、「蒼ざめた松本烝治先生が発言を求めて、極めて重大な事件が起つた」[151]と発言し、さらには幣原首相をはじめ外の閣僚も「吾々は之を受諾できぬ」と述べたという。閣議の雰囲気は、困惑と、混乱と、迷走であった。どうすればよいのか分からない。だが、時間的な猶予はない。

二月二一日に、幣原首相はマッカーサーと会談することになった。ＧＨＱ案に対する自らの見解を伝えることが、主な目的であった。この会談は三時間も続く、長いものとなった。

マッカーサーは、ＧＨＱ案で戦争放棄と象徴天皇制が含まれているのは、極東委員会での厳しい攻勢を見据えてのことであると述べた。さらにマッカーサーは、「戦争を抛棄すると声明して日本がMoral Leadershipを握るべきだと思ふ」と語った。

だが、そのようなマッカーサーの情熱的なアピールに対して、幣原は冷めていた。これに対して幣原は、「leadershipと言はれるが、恐らく誰もfollowerとならないだらうと言つた」。それに対してマッカーサーは、「followersが無くても日本は失う処はない」と答えた[152]。幣原は、外務大臣としての豊富な外交経験から、不戦条約として示されるような理念としての「戦争放棄」には賛同していながらも、それを憲法の条文に加えて日本の将来の行動を自ら拘束するような規定には違和感があった。

それは幣原だけではなかった。翌日の二月二二日の閣議でそのことについて報告をした幣原首相に対して、松本烝治国務相は、そもそもアメリカ案を受け入れることなどは不可能だと、強い口調で述べた。まず第一に、「アメリカ式の方式を日本憲法に書き下すことは議会を前にして時間的に不可能である。まさに超人的事業であるから私にはできません」と語った。そして第二に、「かりにかかる案を提出しても衆議院はあるいは可決するかもしれないけれども、貴族院は到底承諾を与える見込みはつきません」という。そして、第三に、「ドイツ、南米等の先例に見て明らかなように、外から押しつけた憲法は所詮守れるものではありません。いたずらに混乱とファシズムのもてあそぶところとなるでありましょう」と述べた[153]。

さらには幣原が次のように述べたことを、法制局次長の入江俊郎が覚えていた。「交付案で、先方の一番の眼目は、天皇の象徴の規定と戦争放棄の規定である。全然このようなことなどは、そのときまで日本は考えたこともなかったといっていいと思う」[154]。明らかに、憲法第九条として戦争放棄の条項を含めるという提案は、幣原の発案によるものではなかった。

芦田均の国際主義

その後、さらに重ねる形で、文部大臣の安倍能成《よししげ》が、「戦争放棄のごときもまた現憲法と非常な相違があると思う。その点は一体どうなんですか」と質問した。安倍は、戦前の日本を代表する自由主義者（オールド・リベラリスト）であり、教育者であった。第一高等学校在学中は夏目漱石の教えに大きな影響を受け、その後教育者として京城帝国大学教授、そして母校の一高の校長を歴任している。幣原内閣は、外相の吉田や、厚相の芦田均など、首相の幣原と同様の戦前の自由主義者を多く擁する内閣であった。

そのような安倍文相の質問に対して、芦田厚相は次のように応じている。

「戦争放棄と言い、国際紛争を武力によらずして仲裁と調停とにより解決すべきであるという思想は、すでにパリで調印されたケロッグ・パクト（不戦条約）と国際連盟規約とに出ているところであって、わが政府はこれを受諾したのである。決して耳新しいことではない。だが旧敵国は日本がこれらの条約を破ったことが今度の戦争の原因であったといっておるのである。また旧来の欽定憲法といえども満州事変以来非常に蹂躙されてきておる。欽定憲法なるが故に曲げられぬと考えることは誤りである。松本先生は修正案を再修正するがごときことは時間的に不可能であると申されるけれども、プロイス教授はワイマール憲法の起草を依嘱されて、三週間の間にこれを書き上げてしまった。先生の学識と経験とをもってすれば決して不可能とは思われません。どうか大いに努力して最善を尽していただきたい[155]」

芦田均

芦田の議論によって、閣内の雰囲気が変わった。このとき、文相の安倍に加えて、首相の幣原、外相の吉田、そして厚相の芦田という三人の自由主義者であり国際主義者が、閣内の主要閣僚の地位を占めていた。幣原内閣がオールド・リベラリストたちの内閣であったことは大きな意味を持っていた。というのも、新しい憲法をつくるうえで、その「戦争放棄」条項が一九二八年のケロッグ＝ブリアン条約や国際連盟規約の精神を継承していることや、日本が独善的な正義を訴えるのではなく国際社会と調和していくことが不可欠であることを、深く理解できるメンバーだったからである。彼らは、マッカーサーが主張するようなかたちで、憲法に「戦争放棄」の条項を含めることに、次第に肯定的な意味を見いだしていく。

しかし当の憲法改正担当の国務大臣である松本烝治は、「そんなことをすれば、私は殺される」と、天皇大権を制約するような憲法改正を自らの判断で行うことから、逃げようとしていた。それは、弱さからくるものであり、また自らが信奉する明治憲法への深い愛着からくるものであったのだろう。他方で、戦前に自らの生命の危険を顧みずに、しばしば自由主義や、国際主義、対米協調の必要性を説くことがあった幣原や吉田、芦田は、徐々に覚悟を固めつつあった。

閣内の流れは、決しようとしていた。戦後の日本は、独善や孤立ではなく、国際協調のなかで生きていくしかない。そのためには、大胆な憲法改正が不可欠であり、ＧＨＱと協働することが不可欠なのだ。それこそが、日本が歩むべき針路であり、選択すべき国家像であった。

外相の吉田も同様の見解であった。吉田は回顧録で、次のように書いている。「この戦争放棄については、私自身も賛成であったのであります。日本は平和に害のある好戦国民であるというのが、当時の連合国における通念であったと思われますが、そのような誤解をとき、日本国民が平和愛好の国民であることを認めさせるためには、戦争放棄の規定を設けることは適切であると考えておったのであります[156]」。

松本や宮沢のような法学者は、「不磨の大典」である憲法を改正することへの心理的な抵抗から、さらには反英米的なイデオロギーから、マッカーサーからの圧力に屈して「戦争放棄」の条項を憲法に含めることには反対であった。しかしそれに対して、幣原、芦田、吉田という三人の主要閣僚であり、戦前の外交官たちが、国際主義の精神を尊重し、ケロッグ＝ブリアン条約を想起して、「戦争放棄」を憲法に含めることを前向きに捉えた。流れは決まった。新生日本は、このような精神を吸収して、激動する国際情勢の荒波の中で航海に出発する。

「この外に行くべき途はない」

結局幣原内閣として、二月二二日の会見で、字句上の表現の変更を加えた上で、GHQ案に沿って憲法改正案を起草する意向を表明した。幣原内閣の閣僚の多くは、GHQの強引な憲法改正の方針に不満を募らせていた。他方でGHQも、日本政府が国際情勢の動向にあまりにも鈍感であることに不満を抱いていた。すれ違いと摩擦が繰り返されていた。そのなかで幣原首相は最終的に、このGHQ案を受け入れるほかはないという判断をした。それは重要な決断であった。

その後、日本政府はGHQとの緊密な調整を続けて、最終的に三月六日の閣議でGHQ案を基礎とした憲法改正草案要綱を閣議決定している。

それは多くの閣僚にとっては受け入れ難い内容であった。だが、日本がポツダム宣言を受諾し、アメリカの占領下にあり、さらには最終的にソ連や中国を含めた極東委員会で憲法改正案についての了解を得る必要がある以上は、それとてやむを得ぬことであった。最後に閣僚たちがそれを受け入れた最大の理由は、そうしなければ天皇制の維持が困難であるという一点であった。それはすでにマッカーサーやケーディスがたびたび示唆していたことであったし、国際情勢を見れば明らかなことであった。

この、GHQ案を土台とした新しい憲法改正草案を審議する閣議では、何人かの閣僚の目に涙が浮かんでいた。最後に幣原は次のように結んだ。

「斯る憲法草案を受諾することは極めて重大の責任であり、恐らく子々孫々に至る迄の責任である。この案を発表すれば一部の者は喝采するであらうが、又一部の者は沈黙を守るであらうけれども心中深く吾々の態度に対して憤激するに違ひない。然し今日の場合、大局の上からこの外に行くべき途はない[157]」

陸奥宗光

幣原首相は、「この外に行くべき途はない」と述べ、抵抗する閣僚たちを説得した。それは幣原の本心から出た言葉であろう。これと同様の内容を語った外相がかつていた。陸奥宗光である。ちょうど半世紀ほど前に終わった戦争、すなわち日清戦争の後に、三国干渉の結果、自らの要求を諦めて妥協的な合意を受け入れることが求められた。国民の熱狂を前に、それに反する形で陸奥は外交的な合意を優先して、屈辱をかみしめる結果となる。そのことを陸奥は自らの回顧録のなかで、「他策ナカリシヲ信ゼムト欲ス」という言葉で表現していた。つまりは、「この外に行くべき途はない」ということである。

国際協調や外交的合意とは、決してつねに美しいものでもなければ、満足できるものでもない。少ない選択肢の中から、たとえそれがどれだけ望ましくないとしても、もっとも国益に資すると考えるものを選んで、それを受け入れることが必要なのだ。それは屈辱や、労苦や、不満に満ちたものである。そのことを陸奥も幣原もよく理解していた。

「大局的判断」と「国際感覚」

それについては、外相の吉田茂も同様の見解を有していた。幣原首相や吉田外相は、あたかも外交交渉をして、外交的合意を得るがごときに、GHQ、さらにはアメリカ政府と憲法改正案の調整を行っていたのである。それについて吉田は回顧録で次のように記している。

「もっとも前述したように、改正草案が出来上るまでの過程をみると、わが方にとっては、実際上、外国との条約締結の交渉と相似たものがあった。というよりむしろ、条約交渉の場合よりも一層〝渉外的〟ですらあったともいえよう。ところで、この交渉における双方の立場であるが、一言でいうならば、日本政府の方は、言わば消極的であり、漸進主義であったのに対し、総司令部の方は、積極的であり、抜本的急進的であったわけだ[158]」

そして吉田は、このとき幣原内閣がGHQ案を基礎として憲法改正案を作成したことを、「大局上有利なりと、わが政府において判断した」からだと説明する。幣原が語る「この外に行くべき途はない」という姿勢は、吉田にとっては「大局的判断」となる。いずれにせよ、それは容易な決断ではなかったはずである。だが、日本が新国家として再出発し、新しい憲法という装いを身につける上で、元外交官として国際情勢の動向に対して敏感な幣原、吉田、芦田という三名が内閣において枢要な地位に就いていたことは、日本にとって幸運であったというべきである。

敗戦国としてポツダム宣言を受諾し、連合国の占領下にある日本にとって、そもそも選択肢はきわめて限られていた。そのような過酷な現実を直視しながらも、同時に明るい未来を描く希望こそが求められていた。彼らはむしろ、戦前の明治憲法下の日本の政治において数多くの困難に直面し、日本が国際主義の途から堕落する過程を、苦難のなかで眺めていた。その日本がむしろこれを契機に、本来のあるべき国際感覚と国際信頼を回復することができるのではないか。

さらに吉田は、回想録の中で次のように続けている。

「もとより憲法改正は大事なことではあるが、右のような客観情勢の下において、立法技術的な面などに、いつまでもこだわっているのは、策を得たものにあらず、その大綱において差支えないならば、改正案を取り纏めるがよいというのが、当局者の心事だったのである。すなわち当局者の考えの根底には、多分に〝国際感覚〟(ディプロマチック・センス)が働いていたというのが、真相である[159]」

ここで吉田が「ディプロマチック・センス」という言葉を用いているのは興味深い。吉田は、外交官としてパリ講和会議に参加した際に、アメリカのウッドロー・ウィルソン大統領の顧問であったエドワード・ハウス大佐と親しくなった。そのハウス大佐が吉田に伝えたことが、「ディプロマチック・センス」の重要性であった。吉田は次のように記憶する。「ハウス大佐は私の顔を見るや、開口一番、『ディプロマチック・センスのない国民は、必ず凋落する』と強調して、語り出したのである。ディプロマチック・センスとは直訳すれば、外交的感覚であろうが、国際的な勘といってもいゝかもしれぬ[160]」。

吉田が語るように、新憲法の制定は、どちらかというと「外国との条約締結の交渉」のようなものであった。だからこそ、「ディプロマチック・センス」がきわめて重要な意味を持ったのである。そして、元外交官であった幣原、吉田、芦田は、「大局的判断」からGHQ案を基礎とした憲法改正案を作成する必要と、さらには「戦争放棄」の条項を新憲法に含める必要を感じていた。そして、彼らが丁寧に説明をすることで、幣原内閣の閣議における抵抗も弱まっていったのである。

ここで吉田がいう「大局的判断」とは、もちろん国際情勢の推移に基づくものである。すでに触れたように、一九四五年一二月の極東委員会および対日理事会の設置決定と、連合国間の亀裂による冷戦の顕在化は、対日占領にも暗い影を落とすようになっていたのだ。それを敏感に感じていたのが、アメリカ政府であり、GHQであり、マッカーサーであった。それゆえ吉田は次のように記している。

「それらに関連して元帥の最も懸念したのは極東委員会との関係であったと思います。当時極東諮問委員会が改組されて、極東委員会となり、本格的な活動が開始されようとしていたことは御承知のとおりでありますが、元帥としては、極東委員会が発足すれば、たゞちに日本の憲法問題を採りあげることは必至であり、その結果はソ連や濠州側の意向からすれば、天皇の地位はどのようなことになるかわからない。そこで先手を打って、既成事実を作ってしまおうという決意をしたものと思われるのであります。このことは、極東委員会の第一回会合が二月の下旬に開かれているというところから見ても十分推測することができると思いますし、また、憲法草案について、天皇の地位その他に関し、日本側と司令部側との見解がわかれた場合、先方が口癖のようにいっておったのは、司令部の意見のとおりにすることが、極東委員会あたりとの関係で、結局、天皇の為になるのである、ということでありました[161]」

国内の政治問題の多くが、実際には国際情勢と連関している。問題はそのような連関に、国民の多く、そして政治家の多くが気がついていないということである。新憲法制定という、最高度に重要な国内の政治問題もまた、吉田が指摘するように、極東委員会における連合国間の関係と深く結びついていた。ＧＨＱが早期の新憲法制定を要望していたのも、そのような国際情勢の展開を前提としていたのだ。すなわち、新憲法制定の過程はあくまでも、国際政治の歴史として理解することが必要なのであって、当時の国際情勢との関連の中に位置づけることが不可欠なのだ。

極東委員会と対日理事会の開催

一九四六年二月二六日、ワシントンD.C.の旧日本大使館公邸では、第一回目の極東委員会の会合が開催された。前年一二月のモスクワ外相理事会での合意に基づいて、アメリカ以外の連合国の諸国もまたこの委員会に参加して、日本管理の問題に関与する意向であった。アメリカ国務長官のバーンズが、次のように開会の挨拶を行っている。

「太平洋における平和は、安定した世界構造にとって本質的な基石であります。それゆえ、日本を他の諸国と平和的な提携関係に導くことは、大きな責任を有する任務です。その責任は、いまや極東委員会に参加しているみなさんに属しているのです[162]」

これ以後、この極東委員会とマッカーサー率いるＧＨＱの間で、日本管理の権限をめぐっての激しい対立が繰り広げられる。マッカーサーは、繰り返しこの極東委員会の介入にしびれを切らすことになるが、巧みに他国からの介入をかわして、ＧＨＱ主導で憲法改正作業を進めていく。そのための論理としては、あくまでも日本国民自らがこの憲法を起草したという「神話」が必要であった。それを示すかのように、四月五日に開催された第一回目の対日理事会の会合では、議長であるマッカーサー最高司令官が、次のような演説を行った。

「提案されている新憲法は、日本国民によって、十分かつ自由に討議されており、新憲法の全条項を新聞とラジオの媒体を通じて世論の批判に委ねる健全な方向を示している。

ここに提案された新憲法の全条文が重要であるが、私はとくに戦争放棄に関する条項に言及したい。日本は、この条項によって、正義、寛容、および普遍的な社会的、政治的道徳の実効的法則によって支配される国際社会への信頼を宣言し、かつそのような社会に日本の民族的高潔さを委ねたのである[163]」

ここでマッカーサーが、「国際社会への信頼」という言葉を用いているのは興味深い。というのも、このときの首相である幣原も、外相である吉田も、戦後日本が歩むべき道として、国際的な信頼を回復することが最重要であると考えていたからだ。それはまた、マッカーサーの考えでもあり、また国際社会全体の希望でもあった。天皇制を維持することで日本の伝統を継承し、他方で国民の自由への希望に応え、さらには平和国家の道を歩むことで国際社会の信頼を回復する。それを実現することこそが、この年の一一月三日に公布されることになる日本国憲法が擁する重要な使命であった。

「憲法改正草案要綱」の発表

三月六日の閣議で、最終的にGHQ案を基礎とした「憲法改正草案要綱」が提出された[164]。これは、現在の日本国憲法とほぼ同じような構成および条文となっている。この草案では、天皇について、「天皇ハ日本国民至高ノ総意ニ基キ日本国及其ノ国民統合ノ象徴タルベキコト」と書かれている。「象徴」とは多くの閣僚にとって耳慣れない、不自然な言葉であった。また、明治憲法下の天皇とは大きく異なる位置づけとなっていた。はたしてこれを国民が受け入れることが出来るだろうか。

すでに述べたように、幣原が「この外に行くべき途はない」と考え、吉田が「大局的判断」として考えたこの憲法改正草案であるが、その最終的な結論は天皇によって下された。天皇がそれに賛同しなければ、新憲法の制定も不可能であろう。吉田はそのときのことを、次のように覚えている。

「この間、閣議で一番問題になったのは、天皇の地位を表現する象徴という字句であった。これをめぐって、閣僚間に議論百出の有様であったが、幣原総理が陛下に拝謁して、憲法改正に関する総司令部との折衝顛末を委曲奏上し、陛下の御意向を伺ったところ、陛下親ら『象徴でいゝではないか』と仰せられたということで、この報に勇気づけられ、閣僚一同この象徴という字句を諒承することとなった。故に、これは全く聖断によって、決ったといってもよいことである」(165)

ここで吉田は、天皇の決断を「聖断」という言葉で表現している。いうまでもなく、聖断とは、日本がポツダム宣言を受諾して、終戦を決断する際に御前会議で天皇が行った行為を示す言葉として、一般的に用いられることが多い。天皇は、一九四五年八月の終戦の「聖断」に続いて、この一九四六年三月の新憲法諒承という判断においても「聖断」を行っていた。それは、新しい憲法が誕生する上での、重要な光景であった。

　幣原はそれゆえ、天皇に感謝していた。そのことを幣原は次のように回想する。「陛下は言下に、徹底した改革案を作れ、その結果天皇がどうなってもかまわぬ、と言われた。この英断で閣議も納った。終戦の御前会議のときも陛下の御裁断で日本は救われたと言えるが、憲法も陛下の一言が決したと言ってよいだろう。若しあのとき天皇が権力に固執されたらどうなっていたか。恐らく今日天皇はなかったであろう[166]」。

　ＧＨＱが作成した憲法改正草案を政府が受け入れたこと、とりわけ天皇が「象徴」になるという急進的な内容に対しては、国民の間でも特に右翼団体などは強い不満を抱いていた。それゆえに、芦田厚相は、「当時総理官邸に押し寄せる示威運動の鬨の声が、憲法改正案を論議しておる閣議の部屋の窓を越えて耳を衝いたこともありまして、これがために或いは内閣が総辞職しなければならないであろうと思われたことも一、二度は起ったのであります」と書いている[167]。官邸の外の激しい抗議や批判に抗して、新しい憲法を導入しなければならない。天皇も、幣原首相も、吉田外相も、そして芦田厚相も、その歴史的な使命を深く感じていた。それはとても勇気の要ることであった。幸いにして、彼らはそのような勇気を兼ね備えていた。

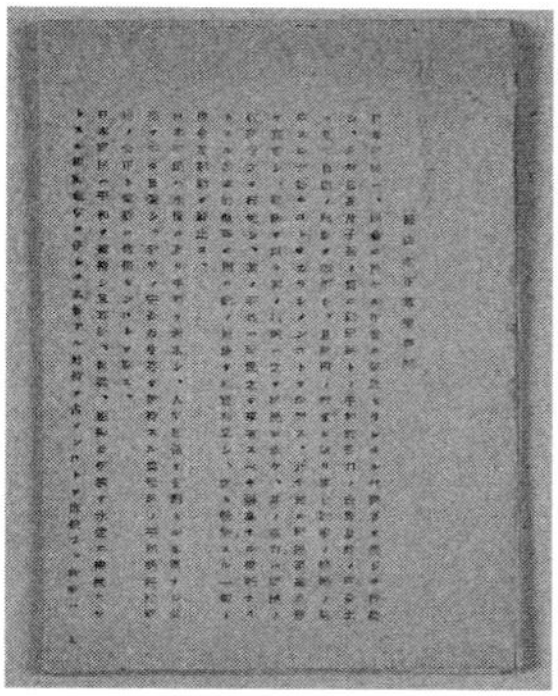
憲法改正草案要綱

痛みをともなった前進

三月六日に、憲法改正草案要綱決定に際して、幣原首相の談話が発表された。それは次のようなものであった。

「おもふに、世界史の動向は、実に永年に亘って人類を苦しめたる動乱より平和へ、残虐より慈悲へ、奴隷より自由へ、横暴より秩序へと徐々にではありますが、しかし逞しき巨歩を進めつゝあるのであります。わが日本国民が人類社会の間に名誉の地位を占むるがためには、新たに制定せらるべき憲法において、内は根本的民主政治の基礎を確立し、外は全世界に率先して戦争の絶滅を期すべきであります。即ち国家主権の発動としての戦争は永久にこれを放棄し、他国との紛争はすべて平和的に処理するの決意を中外に宣言すべきであると信じます。私は全国民諸君が、至仁至慈なる聖旨と国家社会の康寧とにこたへ、この大典の制定に万全をつくされんことを希ふものであります。こゝに政府は聯合国総司令部との緊密なる連絡の下に憲法改正草案の要綱を発表する次第であります[168]」

実に格調高く、またその歴史的意義を雄弁に語る内容の談話であった。自省を込めて戦争の過ちを振り返り、万感の思いで述べた言葉であろう。同時に、閣内で、さらには国民の間で不満や不安が存在することを熟知しながらも、このGHQが起草した憲法改正草案を受け入れる必要があることを、可能な限り丁寧に説得しようとした言葉であろう。

この三月六日の閣議決定にもっとも不満を持ち、もっとも違和感を抱いていたのが、松本烝治国務相であった。その様子を、芦田厚相は次のように記している。

「六日の閣議の終ったときに松本博士はあの閣議室の丸いテーブルのまわりを歩きながら、私は二、三日休ませてもらう。もうこの上あちこちから責められてはどうにもやりきれぬ。家へ帰ってまあ病気でもするのですね、ということを言われました。私は心中深くお察し申しますということを言ったと書いてあります。これが幣原内閣において憲法改正要綱を発表するに至るまでの経緯であります[169]」

新憲法に失望を覚えたのは、松本国務相だけではなかった。一九四六年六月八日に、新憲法草案が枢密院本会議にかけられると、東京帝国大学名誉教授で、長年憲法を講じてきた美濃部達吉は、「賛成各位の起立を願う」という鈴木貫太郎議長の宣言に対して、座ったまま反対の意思を表明した[170]。反対に票を投じたのは美濃部のみで、多数の起立によってこの「憲法改正草案」は可決された。美濃部の精神は大日本帝国憲法とともにあり、新憲法を拒絶することで彼は自らの姿勢を明らかにした。天皇機関説を唱えた美濃部のような学者にとっても、憲法改正は屈辱であり、悲劇であり、許しがたいことであったのだ。

清水澄

さらには、このときの枢密院副議長で、すぐ後には議長となった法学者の清水澄《とおる》は、この新憲法に深い失望と怒りを覚えた。清水は、新憲法施行後の一九四七年九月二五日に、「自決ノ辞」の言葉を残して、熱海の錦ヶ浦から投身自殺をした[171]。明治元年に生まれた清水は、このとき数えで八〇歳となっていた。清水はこの新憲法とともに生きていくことができなかった。清水澄の死とともに、明治憲法もまた歴史の暗闇のなかに消えていく運命となった。

（後編へつづく）

註

本書が対象とする時期の研究に関しては、まさに膨大な数の優れた先行研究があり、私もこれまで多くを参考にさせて頂いてきた。だが紙幅の都合上、ここで参照する文献はあくまで直接引用したものに留めている。また比較的多くの方々が手に取って参考にして頂きやすいように基本的に日本語文献に限定して、英語文献などは一部を除いて含めていないことを御了解頂きたい。また、ここで参照する文献は優れたものばかりであり、本書で十分に論じられなかった部分をより深く理解するためにも、ぜひお読み頂きたい。

はじめに

（1）二〇一八年に韓国人グループＢＴＳ（防弾少年団）がアルバムチャートの「Billboard 200」で一位を獲得したが、シングルチャートの「Hot 100」で一位を獲得したアジア人アーティストは坂本九のみである。

（2）永六輔『坂本九ものがたり―六・八・九の九』（中公文庫、一九九〇年）三七頁。

（3）五木寛之「生きて帰った自分は『悪人』」橋本五郎編『戦後70年　にっぽんの記憶』（中央公論新社、二〇一五年）一七頁。

（4）同、一八頁。

序章

（1）渡邉昭夫「Doing History? ―歴史をするのか、歴史を書くのか、歴史を考えるのか」福永文夫・河野康子編『戦後とは何か―政治学と歴史学の対話（上）』（丸善出版、二〇一四年）三五頁。

（2）同。

（3）鳩山由紀夫・孫崎享・植草一秀『「対米従属」という宿痾』（飛鳥新社、二〇一三年）。

（4）同、六―七頁。

（5）同、九頁。

（6）グローバルノート「世界の貿易依存度　国別ランキング・推移」https://www.globalnote.jp/post-1614.html。

（7）財務省貿易統計「貿易相手国上位10カ国の推移」http://www.customs.go.jp/toukei/suii/html/data/y3.pdf。

（8）「ＡＳＥＡＮ調査」二〇一四年三月三一日、http://www.mofa.go.jp/mofaj/files/000036036.PDF。この調査は、外務省が香港のＩＰＳＯＳ社に依頼して行ったものであり、その前の二〇〇八年の調査では中国が「最も信頼できるパートナー」として選ばれていた。

（9）「日米首脳外交に限界、安倍首相の『片思い』か―北朝鮮、関税で」ブルームバーグ・ニュース、二〇一八年三月二三日、https://www.bloomberg.co.jp/news/articles/2018-03-23/P5ZFDE6TTDS301。

（10）John Lewis Gaddis, *The United States and the Origins of the Cold War, 1941-1947* (New York: Columbia University Press, 1972) pp.244-281.

（11）北岡伸一『日本政治史―外交と権力〔増補版〕』（有斐閣、二〇一七年）二一〇―二一一頁。

(12) ジョージ・オーウェル「右であれ左であれ、わが祖国」ジョージ・オーウェル／川端康雄編『新装版　オーウェル評論集1―象を撃つ』（平凡社、二〇〇九年）四九―五〇頁。
(13) 同、五三頁。
(14) ジョージ・オーウェル「ナショナリズム覚え書き」ジョージ・オーウェル／川端康雄編『新装版　オーウェル評論集2―水晶の精神』（平凡社、二〇〇九年）三五頁。
(15) 同、三七頁。
(16) 同、三六頁。
(17) 同、三七頁。
(18) 同、四四頁。
(19) 同、四五―四六頁。
(20) 同、五三頁。
(21) 白井聡『永続敗戦論―戦後日本の核心』（太田出版、二〇一三年）。
(22) 白井聡「永続敗戦からの展望」（メールマガジン「オルタ」）https://news.yahoo.co.jp/byline/shiraisatoshi/20140317-00033618。
(23) オーウェル「ナショナリズム覚え書き」五九―六〇頁。
(24) 同、六〇頁。
(25) 吉田茂『回想十年　4』（中公文庫、一九九八年）八二頁。
(26) 同。
(27) 同、九〇頁。
(28) 同、九三頁。
(29) 原彬久『吉田茂―尊皇の政治家』（岩波新書、二〇〇五年）二三三頁。

(30)吉田茂『回想十年 1』(中公文庫、一九九八年)一〇七頁。
(31)同、一〇八頁。
(32)吉田『回想十年 4』三四―三五頁。
(33)同、三五頁。
(34)同。
(35)同、三六頁。
(36)同、三七頁。
(37)同、二〇―二一頁。
(38)同、二一―二二頁。
(39)同、二三―二四頁。
(40)吉田茂『回想十年 3』(中公文庫、一九九八年)三三一頁。

第一章

(1)麻田貞雄「原爆投下の衝撃と降伏の決定」細谷千博・入江昭・後藤乾一・波多野澄雄編『太平洋戦争の終結―アジア・太平洋の戦後形成』(柏書房、一九九七年)一九五頁。
(2)H・S・トルーマン『トルーマン回顧録I』加瀬俊一監修(新装版、恒文社、一九九二年)三一八頁。
(3)同。
(4)同、三一九頁。
(5)佐藤卓己「『八月一五日』の神話化を超えて」佐藤卓己・孫安石編『東アジアの終戦記念日―敗北と勝利のあいだ』(ちくま新書、二〇〇七年)一六―一七頁。
(6)劉傑・川島真「はしがき」劉傑・川島真編『1945年の歴史認識―〈終戦〉をめぐる日中対話の試み』

（東京大学出版会、二〇〇九年）ⅳ頁。
（7）近年、終戦史、戦後史の文脈で、優れたいくつもの引揚・復員についての研究が刊行されている。たとえば、増田弘編『大日本帝国の崩壊と引揚・復員』（慶應義塾大学出版会、二〇一二年）などを参照。
（8）加藤聖文『「大日本帝国」崩壊—東アジアの1945年』（中公新書、二〇〇九年）ⅳ—ⅴ頁。
（9）浅野豊美「敗戦・引揚と残留・賠償—帝国解体と地域的再編」和田春樹・後藤乾一・木畑洋一・山室信一・趙景達・中野聡・川島真編『岩波講座 東アジア近現代通史7　アジア諸戦争の時代　1945—1960年』（岩波書店、二〇一一年）七二頁。
（10）古川隆久『敗者の日本史20　ポツダム宣言と軍国日本』（吉川弘文館、二〇一二年）一五七頁。
（11）加藤聖文『満鉄全史—「国策会社」の全貌』（講談社選書メチエ、二〇〇六年）一八三頁。
（12）波多野澄雄「日ソ関係の展開—対米開戦から日ソ戦争まで」五百旗頭真／下斗米伸夫／A・V・トルクノフ／D・V・ストレリツォフ編『日ロ関係史—パラレル・ヒストリーの挑戦』（東京大学出版会、二〇一五年）三〇九頁。
（13）同、三一〇頁。
（14）同。
（15）同、三一〇—三一一頁。
（16）同、三一一頁。
（17）同、三〇九頁。
（18）A・I・クラフツェヴィチ「ヤルタ会談前後のソ米関係と日本」五百旗頭ほか編『日ロ関係史』三三八—三三九頁。
（19）A・A・キリチェンコ「一九四五年の満洲電撃戦と日本人捕虜」五百旗頭ほか編『日ロ関係史』四〇〇頁。

(20)同。
(21)波多野「日ソ関係の展開」三〇五―三〇六頁。
(22)キリチェンコ「一九四五年の満洲電撃戦と日本人捕虜」四〇〇頁。
(23)加藤『「大日本帝国」崩壊』一四九頁。
(24)同、一五〇頁。
(25)加藤『満鉄全史』一八三―一八四頁。
(26)御厨貴・阿川尚之・苅部直・牧原出編『舞台をまわす、舞台がまわる―山崎正和オーラルヒストリー』(中央公論新社、二〇一七年)三二一頁。
(27)同、三三三―三三五頁。
(28)同、一七頁。
(29)同、三〇頁。
(30)同。
(31)愛新覚羅溥儀『わが半生(下)―「満州国」皇帝の自伝』小野忍・野原四郎・新島淳良・丸山昇訳(ちくま文庫、一九九二年)一三〇頁。
(32)愛新覚羅浩『流転の王妃の昭和史』(中公文庫、二〇一二年)一二九頁。
(33)同、一二九―一三一頁。
(34)同、一三六―一三八頁。
(35)愛新覚羅『わが半生(下)』一三二頁。
(36)加藤『「大日本帝国」崩壊』一五八―一五九頁。
(37)加藤聖文「ソ連の満洲進攻と日本人引揚」五百旗頭ほか編『日ロ関係史』三一八―三一九頁。
(38)加藤『満鉄全史』一八六頁。

(39) 牧村健一郎『日中をひらいた男　高碕達之助』(朝日選書、二〇一三年) 七六頁。

(40) 加藤聖文「高碕達之助と戦後日中関係―日本外交における『政治』から『経済』への転換」劉傑・川島真編『対立と共存の歴史認識―日中関係150年』(東京大学出版会、二〇一三年) 三四四頁。

(41) 同。

(42) 同、三四五頁。

(43) 加藤聖文「満洲体験の精神史―引揚の記憶と歴史認識」劉・川島編『1945年の歴史認識』五七頁。

(44) 「カイロ宣言（1943年11月27日）」細谷千博・有賀貞・石井修・佐々木卓也編『日米関係資料集1945-97』(東京大学出版会、一九九九年) 三頁。引用のカタカナはひらがなへと表記を変更している。

(45) 加藤『「大日本帝国」崩壊』六〇頁。

(46) 同、六二―六五頁。

(47) 元容鎮「朝鮮における『解放』ニュースの伝播と記憶」佐藤・孫編『東アジアの終戦記念日』一一三頁。

(48) 加藤『「大日本帝国」崩壊』六九―七三頁。

(49) 「三八度線と米軍軍政（一九四五年）」歴史学研究会編『世界史史料11　二〇世紀の世界Ⅱ　第二次世界大戦後　冷戦と開発』(岩波書店、二〇一二年) 二〇―二一頁。

(50) 木村幹『韓国現代史―大統領たちの栄光と蹉跌』(中公新書、二〇〇八年) 二八頁。

(51) 加藤『「大日本帝国」崩壊』ii頁。

(52) 浅野豊美「解説」浅野豊美監修・解説／明田川融訳『故郷へ―帝国の解体・米軍が見た日本人と朝鮮人の引揚げ』(現代史料出版、二〇〇五年) Ⅱ―Ⅲ頁。

(53) 永島広紀「朝鮮半島からの引揚と『日本人世話会』の救護活動―朝鮮総督府・京城帝国大学関係者を中心に」増田編『大日本帝国の崩壊と引揚・復員』一四一頁。

(54) 小林聡明「ソ連占領期北朝鮮における解放イベント」佐藤・孫編『東アジアの終戦記念日』一四七頁。

(55) 加藤『「大日本帝国」崩壊』五六頁。
(56) 同、五七頁。
(57) 加藤聖文「大日本帝国の崩壊と残留日本人引揚問題―国際関係のなかの海外引揚」増田編『大日本帝国の崩壊と引揚・復員』一八頁。
(58) 同、二九頁。
(59) 同。
(60) 増田弘「引揚・復員研究の視角と終戦史の見直し」増田編『大日本帝国の崩壊と引揚・復員』二頁。
(61) 加藤『「大日本帝国」崩壊』二三一―二三二頁。
(62) 細谷雄一『【戦後史の解放Ⅰ】歴史認識とは何か―日露戦争からアジア太平洋戦争まで』（新潮選書、二〇一五年）二二六―二二七頁。
(63) 宮城大蔵「戦後日本とアジア」宮城大蔵編『戦後日本のアジア外交』（ミネルヴァ書房、二〇一五年）一頁。
(64) 同、一―二頁。
(65) 渡辺昭夫「日本の外交」有賀貞／宇野重昭／木戸蓊／山本吉宣／渡辺昭夫編『講座国際政治4　日本の外交』（東京大学出版会、一九八九年）二頁。

第二章

(1) W. T. R. Fox, *The Super - Powers: The United States, Britain, and The Soviet Union - Their Responsibility for Peace* (New York: Harcourt, Brace & Co., 1944)
(2) ジョン・ルイス・ギャディス『歴史としての冷戦―力と平和の追求』赤木完爾・齊藤祐介訳（慶應義塾大学出版会、二〇〇四年）五九頁。

（3）佐々木卓也「冷戦外交と太平洋戦争の記憶―日米の比較」細谷千博・入江昭・大芝亮編『記憶としてのパールハーバー』（ミネルヴァ書房、二〇〇四年）一七〇―一七一頁。

（4）この点については、佐々木「冷戦外交と太平洋戦争の記憶」一七三頁でも指摘されている。

（5）等松春夫『日本帝国と委任統治―南洋群島をめぐる国際政治 1914-1947』（名古屋大学出版会、二〇一一年）七三―七四頁。

（6）同。

（7）同、七六頁。

（8）同。

（9）同、二二四頁。

（10）同、一九二頁。

（11）佐々木卓也「アメリカ外交と東アジア・太平洋秩序の形成―歴史的考察」宮城大蔵編『戦後アジアの形成と日本―歴史のなかの日本政治5』（中央公論新社、二〇一四年）二一三―二一四頁。

（12）同、二一四頁。アメリカが、太平洋を「アメリカの海」にしようと試みてきた歴史的経緯については、池上大祐『アメリカの太平洋戦略と国際信託統治―米国務省の戦後構想 1942~1947』（法律文化社、二〇一四年）一四―一九頁及び一四五―一五三頁でも論じられている。

（13）このような視点については、Melvyn P. Leffler, "National Security and US Foreign Policy", in Melvyn P. Leffler and David S. Painter (eds.), *Origins of the Cold War: An International History*, 2nd edition (London: Routledge, 2005); Melvyn P. Leffler, *A Preponderance of Power: National Security, the Truman Administration, and the Cold War* (Stanford: Stanford University Press, 1992) pp.55-99を参照。また、戦時中から戦後にかけての米軍基地の世界的ネットワークの形成過程については、林博史『米軍基地の歴史―世界ネットワークの形成と展開』（吉川弘文館、二〇一二年）一四―五〇頁を参照。

(14) Leffler, "National Security and US Foreign Policy", p.18.

(15) Leffler, *A Preponderance of Power*, p.56.

(16) Ibid.

(17) 林『米軍基地の歴史』二〇頁。

(18) Leffler, *A Preponderance of Power*, pp.56-58.

(19) そのような戦略環境の変化については、石津朋之・立川京一・道下徳成・塚本勝也編『エア・パワー——その理論と実践』（芙蓉書房出版、二〇〇五年）及び、Lawrence Freedman, *The Evolution of Nuclear Strategy*, 2nd edition (Basingstoke: Macmillan, 1989) Chapter 1 "The Arrival of the Bomb" などを参照。

(20) 田中宏巳『消されたマッカーサーの戦い—日本人に刷り込まれた〈太平洋戦争史〉』（吉川弘文館、二〇一四年）二一—二三頁。

(21) 同、一—一二頁。

(22) 同、二五頁。

(23) 同、二六—二七頁。

(24) 同、二九頁。

(25) 同、三二頁。

(26) ロバート・D・エルドリッヂ『沖縄問題の起源—戦後日米関係における沖縄　1945-1952』（名古屋大学出版会、二〇〇三年）一〇—一二頁。

(27) 同、一四頁。

(28) 同、一五頁。

(29) 同。

(30) 等松『日本帝国と委任統治』二〇〇頁。

(31)ナンシー・B・タッカー「アメリカの戦後アジア構想」細谷ほか編『太平洋戦争の終結』一〇三頁。
(32)ダグラス・マッカーサー『マッカーサー大戦回顧録』津島一夫訳(中公文庫、二〇一四年)三七九頁。
(33)増田弘『マッカーサー―フィリピン統治から日本占領へ』(中公新書、二〇〇九年)三一七―三一八頁。
(34)同、三一八頁。
(35)同。
(36)同、三一八―三一九頁。
(37)重光葵『昭和の動乱　下』(中公文庫、二〇〇一年)三三四頁。
(38)同。
(39)同、三三五頁。
(40)同。
(41)五百旗頭真『日本の近代6　戦争・占領・講和　1941~1955』(中公文庫、二〇一三年)二五六―二五七頁。
(42)増田『マッカーサー』三一九頁。
(43)同。
(44)同。
(45)「降伏文書(1945年9月2日)」細谷ほか編『日米関係資料集 1945-97』一六―一七頁。なお、ここでは原文を、現代的な表現へと表記を変更していることをお断りする。
(46)柴山太・楠綾子「日米戦争と日本占領　1941―52年」五百旗頭真編『日米関係史』(有斐閣、二〇〇八年)一六三頁。
(47)増田『マッカーサー』三二〇頁。
(48)トルーマン『トルーマン回顧録I』三四八頁。

(49) マッカーサー『マッカーサー大戦回顧録』四〇七頁。

(50) 増田『マッカーサー』i頁

(51) マイケル・シャラー『マッカーサーの時代』豊島哲訳（恒文社、一九九六年）一八六頁。

(52) 福永文夫『日本占領史1945-1952─東京・ワシントン・沖縄』（中公新書、二〇一四年）三九頁。

(53)「アメリカ政府の初期の対日方針（１９４５年９月22日）」細谷ほか編『日米関係資料集1945-97』二二頁。表記は一部変更した。

(54) 同。

(55) 福永『日本占領史1945-1952』三九—四〇頁。

(56) シャラー『マッカーサーの時代』一八八頁。

(57) Bevin to Balfour, 14 August 1945, in Roger Bullen and M.E. Pelly (eds.), *Documents on British Policy Overseas: Series I, Volume II, Conferences and Conversations 1945: London, Washington and Moscow* (London: Her Majesty's Stationery Office, 1985) p.5. 以下、DBPO, I, IIとして、頁番号を付す。

(58) Memorandum by Far Eastern Department, 10 September 1945, in DBPO, I, II, pp.99-100.

(59) Ibid.

(60) 細谷雄一『戦後国際秩序とイギリス外交─戦後ヨーロッパの形成　１９４５年～１９５１年』（創文社、二〇〇一年）二六頁。

(61) Memorandum by Far Eastern Department, 10 September 1945, in DBPO, I, II, pp.96-100.

(62) 細谷『戦後国際秩序とイギリス外交』二七頁。

(63) Record of First Meeting of Council of Foreign Ministers held at Lancaster House, 11 September 1945, in DBPO, I, II, p.103.

(64) Ibid., pp.105-106.

(65) Note of a Meeting in M. Molotov's Room at Lancaster House, 22 September 1945, in DBPO, I, II, pp.292-294.
(66) トルーマン『トルーマン回顧録Ⅰ』三八五頁。
(67) 同。
(68) 同、三八六頁。
(69) 同、三八七頁。
(70) 下斗米伸夫『日本冷戦史—帝国の崩壊から55年体制へ』(岩波書店、二〇一一年)六三頁。
(71) 同、六七頁。
(72) 同、六九頁。
(73) Letter from Roberts to Sir O. Sargent, 27 October 1945, in DBPO, I, II, p.507.
(74) Halifax to Bevin, 29 October 1945, in DBPO, I, II, p.510.
(75) 下斗米『日本冷戦史』七五頁。
(76) 同、七七頁。
(77) British Record of the First Meeting of the Three Foreign Secretaries held at the Spiridonevka Palace, Moscow, 16 December 1945, in DBPO, I, II, p.723.
(78) Record of a conversation at the United States Ambassador's Residence, Moscow, 17 December 1945, in DBPO, I, II, pp.733-734.
(79) British Record of the Second Meeting of the Three Foreign Secretaries held at the Spiridonevka Palace, Moscow, 17 December 1945, in DBPO, I, II, p.742.
(80) 下斗米『日本冷戦史』八九頁。
(81) 豊下楢彦「対日占領管理機構の形成とその背景」細谷ほか編『太平洋戦争の終結』一四一頁。

第三章

（1）司馬遼太郎『この国のかたち　二』（文春文庫、一九九三年）。
（2）同、一二頁。
（3）芦田均「新しい日本のために―発刊のことば」高見勝利編『あたらしい憲法のはなし　他二篇』（岩波現代文庫、二〇一三年）三頁。
（4）同、三―四頁。
（5）宍戸常寿「憲法の運用と『この国のかたち』」長谷部恭男編『「この国のかたち」を考える』（岩波書店、二〇一四年）一四一頁。
（6）この点については、細谷『歴史認識とは何か』一〇三―一〇六頁でも詳述している。また、この論文は、近衛文麿『最後の御前会議／戦後欧米見聞録―近衛文麿手記集成』（中公文庫、二〇一五年）三三〇―三三七頁に収録されている。
（7）古川隆久『近衛文麿』（吉川弘文館、二〇一五年）二五九頁。
（8）同、二三五頁、及び宮内庁『昭和天皇実録　第九』（東京書籍、二〇一六年）八四三頁。
（9）吉田『回想十年　1』三二頁。
（10）細谷雄一「英米関係の歴史を概観する」君塚直隆・細谷雄一・永野隆行編『イギリスとアメリカ―世界秩序を築いた四百年』（勁草書房、二〇一六年）一頁。
（11）吉田『回想十年　1』三二―三三頁。
（12）同、三三頁。
（13）五百旗頭真『占領期―首相たちの新日本』（講談社学術文庫、二〇〇七年）三七頁。
（14）同。

(15) 同、三九頁。
(16) 岡義武『近衛文麿――「運命」の政治家』(岩波新書、一九七二年)二一四頁。
(17) 五百旗頭『占領期』三九頁。
(18) 古川『近衛文麿』二二八―二二九頁。
(19) 岡『近衛文麿』二一四―二一五頁。
(20) 同、二一五頁。
(21) 古川『近衛文麿』二三二頁。
(22) 古関彰一『日本国憲法の誕生　増補改訂版』(岩波現代文庫、二〇一七年)一一頁。
(23) 「近衛・マッカーサー会談」(昭和二〇年一〇月四日)外務省編『日本外交文書　占領期　第二巻(外交権の停止・日本国憲法の制定・中間賠償・他)』(六一書房、二〇一七年)九八五頁、及び古関『日本国憲法の誕生』一四頁。
(24) 「近衛・マッカーサー会談」九八六頁、及び古川『近衛文麿』二三四頁、及び近衛忠大/NHK「真珠湾への道」取材班『近衛家の太平洋戦争』(NHK出版、二〇〇四年)二三二頁。
(25) 古関『日本国憲法の誕生』一五頁。
(26) 同、二七―二九頁。
(27) 同、一五頁。
(28) 宮内庁『昭和天皇実録　第九』八四八頁、及び古関『日本国憲法の誕生』一六―一七頁。
(29) 袖井林二郎『マッカーサーの二千日』(中公文庫、二〇一五年)一九一―一九二頁。
(30) 古関『日本国憲法の誕生』三四―三五頁。
(31) 宮内庁『昭和天皇実録　第九』八五九頁。
(32) 古関『日本国憲法の誕生』二五頁。

(33) ヒュー・ボートン『戦後日本の設計者―ボートン回想録』五百旗頭真監修／五味俊樹訳（朝日新聞社、一九九八年）二一九頁。
(34) 同、二二二頁。
(35) 古関『日本国憲法の誕生』二五―二六頁。
(36) 同、二七頁。
(37) 近衛『近衛家の太平洋戦争』二三〇―二三一頁。
(38) 筒井清忠『近衛文麿―教養主義的ポピュリストの悲劇』（岩波現代文庫、二〇〇九年）二八九頁。
(39) 近衛『近衛家の太平洋戦争』二三〇―二三一頁。
(40) 同、二三一頁。
(41) 古関『日本国憲法の誕生』三二―三三頁。
(42) 古川『近衛文麿』二四六―二四七頁。
(43) 岡『近衛文麿』二三二頁。
(44) 近衛『近衛家の太平洋戦争』二三六頁。
(45) 同。
(46) 同、二三七頁。
(47) 同。
(48) 岡『近衛文麿』二三六―二三七頁。
(49) 同、二三七頁。
(50) 古川『近衛文麿』二五三頁。
(51) 岡『近衛文麿』二二八頁。
(52) 同。

(53) 服部龍二『増補版　幣原喜重郎―外交と民主主義』(吉田書店、二〇一七年)二六八頁。
(54) 幣原喜重郎『外交五十年』(中公文庫、二〇〇七年)二一八頁。
(55) 同、二一九頁。
(56) 同。
(57) 同、二二〇頁。
(58) 服部『増補版　幣原喜重郎』二六〇頁。
(59) 天川晃「幣原喜重郎―『最後の御奉公』と新憲法草案」渡邉昭夫編『戦後日本の宰相たち』(中公文庫、二〇〇一年)二二―二三頁。
(60) 同、二三頁。
(61) 五百旗頭『日本の近代6　戦争・占領・講和　1941~1955』二七七―二七八頁。
(62) 幣原『外交五十年』二一六頁。
(63) 天川「幣原喜重郎」二二頁。
(64) 幣原『外交五十年』二一八頁。
(65) 天川「幣原喜重郎」三二頁。
(66) 伊藤之雄『昭和天皇伝』(文春文庫、二〇一四年)四一三頁。
(67) 原秀成『日本国憲法制定の系譜Ⅱ―戦後米国で』(日本評論社、二〇〇五年)一〇四―一〇九頁。
(68) 服部『増補版　幣原喜重郎』二七一頁。
(69) 西修『図説　日本国憲法の誕生』(河出書房新社、二〇一二年)四〇頁。
(70) 原『日本国憲法制定の系譜Ⅱ』一一七頁。
(71) 同、一二一頁。
(72) ボートン『戦後日本の設計者』二一九―二二〇頁。

(73) 同、二二〇頁。
(74) 下斗米『日本冷戦史』八三―八四頁。
(75) 西修『日本国憲法成立過程の研究』(成文堂、二〇〇四年)一頁。
(76) 古関『日本国憲法の誕生』一一五頁。
(77) 同、七三頁。
(78) 同。
(79) 同、七七―七八頁。
(80) 服部『増補版 幣原喜重郎』二七五頁。
(81) 同、二七六頁。引用のカタカナはひらがなへと表記を変更している。
(82) 同。
(83) 同、二七七頁。
(84) 同。
(85) 同、二七七―二七八頁。
(86) 同、二七八頁。
(87) 同、二七九頁。
(88) 同、二八二頁。
(89) 古関『日本国憲法の誕生』一一九―一二〇頁、及び、西『図説 日本国憲法の誕生』四二頁。
(90) 下斗米『日本冷戦史』一〇九頁。
(91) 同。
(92) 古関『日本国憲法の誕生』一二五―一二六頁。
(93) 同、七五―七六頁。

(94)篠田英朗『ほんとうの憲法―戦後日本憲法学批判』（ちくま新書、二〇一七年）一三〇頁。
(95)同。
(96)同、一三一頁。
(97)古関『日本国憲法の誕生』八〇頁。
(98)同、八〇―八一頁。
(99)同、八三頁。
(100)同、九〇―九一頁。
(101)マッカーサー『マッカーサー大戦回顧録』四五一頁。
(102)同、四五二頁。
(103)古関『日本国憲法の誕生』九三頁。
(104)同、九四頁。
(105)同。
(106)白洲次郎／聞き手・安藤良雄「講和条約への道」『文藝別冊　白洲次郎―日本で一番カッコイイ男〈増補新版〉』（河出書房新社、二〇一六年）一四一頁。
(107)古関『日本国憲法の誕生』一一七頁、及び、原『日本国憲法制定の系譜Ⅱ』三―四頁。
(108)西『図説　日本国憲法の誕生』二九―三〇頁。
(109)古関『日本国憲法の誕生』一三〇頁。
(110)西『図説　日本国憲法の誕生』三一頁。
(111)古関『日本国憲法の誕生』一四二頁。
(112)西『図説　日本国憲法の誕生』三二―三三頁。
(113)同、三五―三六頁。

(114)マッカーサー『マッカーサー大戦回顧録』四五五—四五六頁。
(115)同、四五六—四五七頁。
(116)同、四五七頁。
(117)同、四五八頁。
(118)服部『増補版　幣原喜重郎』二七七頁。
(119)古関『日本国憲法の誕生』一四五頁。
(120)服部『増補版　幣原喜重郎』二七八—二七九頁。
(121)憲法調査会事務局「幣原先生から聴取した戦争放棄条項等の生まれた事情について」鉄筆編『日本国憲法—9条に込められた魂』(鉄筆、二〇一六年)一四一—一四二頁。
(122)同、一四二頁。
(123)服部『増補版　幣原喜重郎』二七七頁。
(124)西『図説　日本国憲法の誕生』三五頁。
(125)同、一〇一—一〇二頁。
(126)日本政府より連合国最高司令官総司令部宛「憲法改正松本案」(昭和二一年二月八日)『日本外交文書　占領期　第二巻』九九二—一〇〇〇頁。
(127)白洲次郎『プリンシプルのない日本』(新潮文庫、二〇〇六年)二二五頁。
(128)同、二三八頁。
(129)服部『増補版　幣原喜重郎』二七四—二七五頁。
(130)同、二七五頁。
(131)西『図説　日本国憲法の誕生』五二頁。
(132)同。

(133) 松本国務大臣・吉田外務大臣・ホイットニー連合国最高司令官総司令部民政局長会談「憲法草案が総司令部側から提示された際の松本・吉田・ホイットニー会談」(昭和二一年二月一三日)『日本外交文書　占領期　第二巻』一〇〇六―一〇〇八頁及び、西『図説　日本国憲法の誕生』五二―五三頁。引用文は後者による。
(134) 連合国最高司令官総司令部より日本政府宛「総司令部が提示した憲法草案」(昭和二一年二月一三日)『日本外交文書　占領期　第二巻』一〇一〇頁。
(135) 西『図説　日本国憲法の誕生』五四頁。
(136) 同。
(137) 白洲『プリンシプルのない日本』二三九頁。
(138) 古関『日本国憲法の誕生』一四六頁。
(139) 吉田『回想十年　4』二〇〇頁。
(140) 白洲『プリンシプルのない日本』一七〇―一七一頁。
(141) 白洲次郎「『占領秘話』を知り過ぎた男の回想―戦後三十年」『文藝別冊　白洲次郎』四四頁。
(142) 同、四五頁。
(143) 白洲終戦連絡中央事務局参与作成「白洲参与の手記その二(ホイットニー書簡の要旨)」(昭和二一年二月一六日)『日本外交文書　占領期　第二巻』一〇三七―一〇三八頁。表記は一部、読みやすくなるよう変更している。
(144) 同、一〇三八頁。
(145) 松本国務大臣よりホイットニー連合国最高司令官総司令部民政局長宛「憲法改正案説明補充」(昭和二一年二月一八日)『日本外交文書　占領期　第二巻』一〇三八―一〇四七頁。
(146) 同、一〇四三―一〇四四頁。表記は一部、読みやすくなるよう変更している。

(147) 同、一〇四五―一〇四六頁。
(148) 同、一〇四六頁。
(149) 白洲「『占領秘話』を知り過ぎた男の回想」四五―四六頁。
(150) 白洲終戦連絡中央事務局参与作成「白洲参与の手記その三（二月十八日～二十二日の経緯）」『日本外交文書　占領期　第二巻』一〇四七頁。
(151) 進藤榮一編『芦田均日記　第一巻』（岩波書店、一九八六年）七五頁、及び古関『日本国憲法の誕生』一四六頁。
(152) 服部『増補版　幣原喜重郎』二八三頁。
(153) 芦田均『制定の立場で省みる日本国憲法入門　第一集』（書肆心水、二〇一三年）二四―二五頁。この部分は、一九五七年一二月五日に学士会館で行われた、「憲法調査会第七回総会」で、芦田均が語った部分を収録したものである。
(154) 古関『日本国憲法の誕生』一四七頁。
(155)『芦田均日記　第一巻』八〇頁、及び芦田『制定の立場で省みる日本国憲法入門　第一集』二五―二六頁。
(156) 吉田『回想十年　4』二〇八頁。
(157) 服部『増補版　幣原喜重郎』二八四頁。
(158) 吉田茂『回想十年　2』（中公文庫、一九九八年）三一頁。
(159) 同、三二頁。
(160) 吉田『回想十年　1』一二頁。
(161) 吉田『回想十年　4』二〇三頁。
(162) 西『日本国憲法成立過程の研究』三八頁、及び西『図説　日本国憲法の誕生』四六頁。
(163) 西『図説　日本国憲法の誕生』四八―五〇頁。

(164)「憲法改正草案要綱」(一九四六年三月六日)『日本外交文書　占領期　第二巻』一〇四八—一〇六〇頁。
(165)吉田『回想十年　2』三四頁。
(166)憲法調査会事務局「幣原先生から聴取した戦争放棄条項等の生まれた事情について」一四七頁。
(167)芦田『制定の立場で省みる日本国憲法入門　第一集』一九一頁。
(168)吉田『回想十年　2』三五—三六頁。
(169)芦田『制定の立場で省みる日本国憲法入門　第一集』三六—三七頁。
(170)西『図説　日本国憲法の誕生』六六頁。
(171)同。

図版提供

61頁　：ジェイ・マップ
113頁：ジェイ・マップ

他は、著作権保護期間が満了したもの、またはパブリック・ドメインのものを使用した。

新潮選書

戦後史《せんごし》の解放《かいほう》Ⅱ
自主独立《じしゅどくりつ》とは何《なに》か 前編《ぜんぺん》——敗戦《はいせん》から日本国憲法制定《にほんこくけんぽうせいてい》まで

著　者………………細谷雄一《ほそやゆういち》

発　行………………2018年7月25日
2　刷………………2019年5月20日

発行者………………佐藤隆信
発行所………………株式会社新潮社
〒162-8711　東京都新宿区矢来町71
電話　編集部 03-3266-5411
読者係 03-3266-5111
http://www.shinchosha.co.jp
印刷所………………株式会社光邦
製本所………………株式会社大進堂

乱丁・落丁本は、ご面倒ですが小社読者係宛お送り下さい。送料小社負担にてお取替えいたします。
価格はカバーに表示してあります。

ISBN978-4-10-603829-7 C0331

戦後史の解放Ⅰ

歴史認識とは何か
日露戦争からアジア太平洋戦争まで
細谷雄一
なぜ今も昔も日本の「正義」は世界で通用しないのか——世界史と日本史を融合させた視点から、日本と国際社会の「ずれ」の根源に迫る歴史シリーズ第一弾。
《新潮選書》
立憲君主制の現在
日本人は「象徴天皇」を維持できるか
君塚直隆
各国の立憲君主制の歴史から、君主制が民主主義の欠点を補完するメカニズムを解き明かし、日本の天皇制が「国民統合の象徴」として機能する条件を問う。
《新潮選書》
憲法改正とは何か
アメリカ改憲史から考える
阿川尚之
「改憲」しても変わらない、「護憲」しても変わってしまう——米国憲法史からわかる、立憲主義の意外な真実。日本人の硬直した憲法観を解きほぐす快著。
《新潮選書》
自由の思想史
市場とデモクラシーは擁護できるか
猪木武徳
自由は本当に「善きもの」か？　古代ギリシア、啓蒙時代の西欧、近代日本、そして現代へ……経済学の泰斗が、古今東西の歴史から自由社会のあり方を問う。
《新潮選書》
精神論ぬきの保守主義
仲正昌樹
西欧の六人の思想家から、保守主義が持つ制度的エッセンスを取り出し、民主主義の暴走を防ぐ仕組みを洞察する。〝真正保守〟論争と一線を画す入門書。
《新潮選書》
経済学者たちの日米開戦
秋丸機関「幻の報告書」の謎を解く
牧野邦昭
一流経済学者を擁する陸軍の頭脳集団は、なぜ開戦を防げなかったのか。「正確な情報」が「無謀な意思決定」につながる逆説を、新発見資料から解明する。
《新潮選書》